私も「移動する子ども」だった

異なる言語の間で育った子どもたちのライフストーリー

川上郁雄［編著］

Kurosio
くろしお出版

目次

プロフィール等は初刷発行時のものです

はじめに――「移動する子ども」とはどんな子どもか

川上　郁雄

最近、テレビなどを見ていると、「日本語のうまい外国人」の方がよく登場します。以前にもいわゆる「外国人タレント」のような人はいました。日本語も上手でしたが、どこか外国人特有のアクセントなどもあったように思います。しかし、最近は、とても滑らかに日本語を使う「外国人」の方がさまざまな分野で活躍されているように見えます。また名前や顔立ちから、「外国人」のように見える「ハーフ」とか「ダブル」と呼ばれる人もいます。こちらも日本語はとても上手です。

私が教えている大学にも、海外からやってくる留学生の中に、日本人らしい名前の学生がいます。海外へ渡った日本人の親を持ち、その地で生まれ育った若者が、日本語や日本のことを学ぼうとして日本に「留学」してくるのですが、最近、その数が確実に増加してきています。そのような若者は、英語やドイツ語、タイ語、タガログ語など、その国の言語ができるうえ、日本語も話せます。

私は、このような大人や学生たちを見かけるたびに、彼らがどのように日本語を学習しているのかについて、また複数の言語をどのように身につけたのかについて、考えるようになりました。というのは、今、国境を越え、複数の言語を操る「移動する子どもたち」が活躍する現象が、日本を含め世界各地で見られるからです。

少し具体的に話しましょう。近年、海外から日本にやって来る「外国人」が増加しており、現在、二〇〇万人以上の「外国人」が日本に暮らしています。その中には、海外で生まれ日本にやってきた子どもや、日本にやってきた親によって日本で生まれた子どもたちも含まれます。その子どもたちの多くは、家庭では「日本語以外の」親の言語に触れ、保育所や学校では日本語を使って学んでいます。また、いわゆる国際結婚する人も日本で増えています。東京の場合、結婚する一〇組のうち一組が国際結婚です。そのカップルの子どもは生まれた時から、日本の中で、複数の言語を学ぶことになります。

一方、日本の外で日本国籍を持って暮らしている日本人は一〇〇万人います。ただし、日本以外の国の国籍をとった人はその数字には含まれません。たとえば、ブラジルには日系人が一五〇万人いて、若い世代の中では日本語が教えられています。そしてブラジルから日本に渡って来る人も多数います。現在、日本には、ブラジル国籍者が三〇万人以上いますが、多くが、家庭でポルトガル語を話し、学校や職場では日本語を使っています。

このように、人々が国際結婚や労働や留学などの理由で国境を越えるのは、今、世界中で見られる現象なのです。その結果、幼少期より複数の言語に触れる子どもが増加しているのです。これは国籍に関係ない現象という意味で、国民の枠を超えた今日的な状況です。

このような環境で成長する子どもたちには、三つの特徴があります。一つは、親や子ども自身が、国境を越えて「移動」しているという点、もう一つは、二つ以上の異なる言語に触れながら、つまり、言語の間を「移動」しながら成長しているという点、三つめは、その結果、外国語教育や母語教育などのカテゴリーの間を「移動」するという点です。このような意味で、私はこれらの子どもたちを「移動する子どもたち」と呼んでいます。※

このような「移動する子どもたち」は、成長過程で、一つの国や地域で一つの言語だけで育てられた子どもよりも、多様な経験を積み、多様な見方ができる子どもに成長する可能性があります。一方、「差別」や「いじめ」にあって、深く傷ついたり、自分の居場所がどこか悩んだりすることもあります。さらには、家庭内の言語と学校で使用される言語が異なると、子どもたちは、学習内容を理解する時に困難を感じたりすることもあります。その結果、成績が伸びなかったり、卒業や進学に影響を与えるケースもあります。

私は、日本で成長している「移動する子ども」の研究を二〇年以上、行ってきました。その中で、子どもたちが成人となって社会に出て、自己実現ができるようになるためには、「ことばの教育」が重要であると強く感じるようになりました。この場合の「ことば」とは、親の言語である「母語」

注※　詳しくは、川上郁雄著（二〇一一）『「移動する子どもたち」のことばの教育学』（くろしお出版）、川上郁雄編（二〇〇六）『「移動する子どもたち」と日本語教育—日本語を母語としない子どもへのことばの教育を考える—』、川上郁雄編（二〇〇九）『「移動する子どもたち」の考える力とリテラシー—主体性の年少者日本語教育学—』、川上郁雄編（二〇〇九）『海の向こうの「移動する子どもたち」と日本語教育—動態性の年少者日本語教育学—』（いずれも明石書店）を参照ください。

も、日本の学校や社会で使用される日本語も含みます。

そこで、冒頭のような現象を最近、目にするようになって、社会の中で活躍している人で、成長期に「移動する子ども」だった人に、これまでどのように言語を習得しながら成長し、現在の仕事につながったのかをお聞きしたいと思いました。そのお話を伺うことによって、これらの「移動する子どもたち」の教育に何が必要かを考えることができるのではないか、また、そのご経験を聞くことによって、現在、成長期にある「移動する子どもたち」やその家族、そして周りの関係者にも、何か参考になるようなメッセージを送ることができるのではないかと考えたわけです。

このような私の意図を理解してくださり、インタビューに答えてくださった方々のお名前と、本書の構成は以下のとおりです。

まず第一部は、日本以外の国や地域で幼少期を過ごし、後に日本にやってこられた方々、つまり、言語形成期を日本国外で過ごし、日本にやってきた方々です。セイン カミュさん（マルチ・タレント）、一青妙さん（女優、歯科医師）、華恵さん（作家）、白倉キッサダーさん（社会人野球選手）、響彬斗さん・一真さん（大衆演劇役者）がこのカテゴリーに入ります。

続く第二部は、日本に暮らしながら、幼少期から複数の言語の中で過ごしてこられた方々、つまり、言語形成期を日本で過ごした方々です。コウケンテツさん（料理研究家）、フィフィさん（タレント）、長谷川アーリアジャスールさん（Jリーガー・サッカー選手）、NAMさん（音楽家）がこのカテゴリーに入ります。一部、二部を合わせると、合計、一〇人になります。

私はこれらの方々に直接お会いし、一時間あまりインタビューすることができました。インタビューでお聞きしたかったのは、幼少の頃に、どのような「移動」の経験をされたのか、また、どのような環境で複数の言語に触れられたのか、その複数の言語の力について今どう感じておられるのか、そしてそのような複数の言語の背景を持つ自分自身をどう考えておられるのか等についてでした。

これらの問いは、単に、バイリンガルの子どもの育て方といったことではなく、自分の中にある多様な背景や複数の言語を一人の人間としてどのように受け止め、それを人間の生き方にどう生かしていくのかというテーマにつながると考えたからです。

そのため、インタビュー協力者の方々のご了解をいただいたうえで、そのインタビューの内容を録音、録画し、文字起こしをして保存し、分析しました。一〇人のインタビューの内容をすべて文字起こししてみると、四〇〇字詰め原稿用紙で七〇〇枚を超える量になりました。そこで、本書では、その内容を選りすぐったうえに、私がインタビューの中で考えたことや背後にある課題の解説を挿入し、最後に「インタビューを終えて」と題した小文を加え、読み物としても読みやすくなるように構成しました。

また、インタビュー協力者の方々の国籍や年齢などはほとんど記載しておりません。なるべくそのような情報から解放された形で読んでいただきたいと思ったからです。各章のはじめにあるプロフィールも同じ理由で、なるべく短くしました。また、「文は人なり」という言い方があるように、書いた文章はその人自身の考え方や性格を表しています。同じことが、「話し方」や「論の展開」（話段とかディスコースと呼ばれるもの）にも当てはまると私は思います。「話し方」や「論の展開」自体にもその人の「らしさ」や「人格」が表われていると思います。したがって、本書では、その人自身が語ったことを尊重する立場から、できる限り、発言をそのまま記載することを心掛けました。「あのー」「ええ」「ん」といったつなぎの言葉（フィラー）も、意味が不明な場合を除き、残すようにしました。読みづらい面もあるかもしれませんが、ご了解ください。

本書を編集するうえで、インタビューに協力してくださった方々には、お忙しい中、原稿を読んでいただき、発言内容の確認と必要な場合の修正をお願いしました。ご協力に感謝申し上げます。

これらの方々のご経験やお考えが、今、学校などで思い悩んでいる子どもたちやその家族、学校関係者や地域のボランティアの方々に、なんらかの力になれれば幸いです。

世界経済のグローバル化とそれにともなう人口移動は、現代社会が避けて通れない現象となっています。そう考えると、世界各国に「外国人」が増え続け、その結果、「移動する子ども」が増え続けていくのは必至です。つまり、「移動する子ども」という課題は、環境問題と同様にグローバル・イシューなのです。その意味で、本書が注目する「移動する子ども」というテーマは、二一世紀型の人々の「人生」や「生き方」に直結するテーマであると言えましょう。

本書は、インタビュー協力者のお一人、または一組を、一章にしておりますので、どの章から読んでいただいても結構です。最後の章には、全編を通じて何が見えたのか、私たちの考えるべき課題は何かについて、私見をまとめました。合わせて読んでいただければ幸いです。

移動する子ども 1

「外人」と呼ばれて、外人訛りのない日本語で返そうと思った

セイン カミュ

（マルチ・タレント）

Thane A. Camus アメリカ生まれ。フランス系アメリカ人の父とイギリス人の母の間に生まれるが、母が再婚した相手が日本人。バハマ、レバノン、エジプト、ギリシャなどで、多言語を使う環境で幼少期を過ごし、その後、日本にやってきた。

現在は、日本を拠点として、映画、テレビ、ラジオ、CM、音楽活動など多方面で、英語と日本語を駆使して活躍中。最近出演した映画は、二〇〇九年公開の『ラーメンガール』。著書に『セイン カミュの使えるトラベル英会話』（日本文芸社、二〇〇六）ほか多数。

作家のアルベール カミュは、母方の大叔父（母の父の弟）。

セイン　カミュさんへのインタビューは、都内の所属事務所で行われました。にこやかな笑顔と長身が印象的なセインさんは、テレビなどで拝見している様子と全く変わりませんでした。「インタビューは英語で？　日本語で？」と言いながら、事務所のスタッフとは英語と日本語を交えて打ち合わせをされていました。

室内でハンチングをかぶり、ラフな赤いジャケットのセインさんは、いつまでも若い青年のようです。英語も日本語もペラペラなセインさんって、どんな人だろう。私は、前からテレビなどで拝見していたセインさんに、いつかその生い立ちと言葉の習得についてお話を聞きたいと思っていました。

そんな私に、セインさんは昔を思い出しながら、「移動する子ども」だったご自身のライフストーリーを丁寧に話してくださいました。さあ、その波乱万丈の半生を聞いてください。

生まれた時から「移動する子ども」だった

――今、思い出せる、一番小さかった頃は、どこになりますか。

セイン そうですね。えー。たぶん、レバノンじゃないでしょうかね。あの、とぎれとぎれでは、ありますけれども、記憶のちらほらした部分っていうのは、まあ、レバノン。はい、多いかもしれない。戦争を経験してますので。※ 戦争の思い出だったりとか、あと、まあ学校に行った思い出も若干ありますけれども、あと、まあ雰囲気だったりとか、そういったとこは覚えてます。なんとなく。

(セインさんは、生後まもなく、ニューヨークからバハマのトートーラ島(Tortola、British Virgin Islands)に移住、一年ほど滞在後、レバノンに移住。セインさんは二歳から四歳ぐらいまでレバノンに滞在し、そこから、エジプト→ギリシャ→エジプトと「移動」しました。母親が再婚した日本人の義理の父の転勤にともない、世界各地を移動することになったのです。)

レバノン――たくさんの言葉を使い分けた生活

(レバノンで、セインさんは就学前のプレスクールに入学します。そこでは、どんな言葉を使

注※ 一九七〇年代のレバノンは、特に一九七三年の第四次中東戦争以後、イスラエル、シリア、パレスチナなどの宗教的、政治的、経済的思惑から国内に「レバノン内戦」と呼ばれる戦争状態が生まれた。藤村信『中東現代史』(一九九七年、岩波新書参照)

っていたのでしょうか。）

セイン　えーと、レバノンの言葉としては、アラビア語とフランス語だったんですね。（レバノンが）元フランスの植民地だったんで、アラビア語とフランス語は共通語です。で、うちのお袋はイギリス人なんで、母国語という言葉はイギリス英語ですね。はい、だから、レバノンに行って、プレスクールに入ってた時、まあ三か国語ぐらいはしゃべれてましたけども。ただ、低レベルの言葉なので、あんまり達者ではないと思いますけども、コミュニケーションはとれてました。

――家庭ではいつも英語でしたか。

セイン　レバノンにいた時は、でも、あの、入り混じってましたね。いろいろと。アラビア語、フランス語、英語。

――お母さまとお話しする時は？

セイン　基本的には、たぶん、英語。フランス語、アラビア語、少々っていう感じですね。

（そのような多言語を使う環境にいて、どんな気持ちだったのでしょう。変な気持ち？）

セイン　いや、全然意識的にはなかったです。それが普通になってたような気がします。だから、英語で分からない言葉っていうのは、フランス語で対応したりとか。それで、分からなかった言葉は、アラビア語で対応したりとか、っていう。

――言葉が違うっていうのは意識されてたんですか。

セイン　えっと、どうですかね。あの、やっぱ違う、違いっていうのはあったっていうふうに意識はしてたと思いますね。違う言葉であると。だから、この、喋り方。この言葉っていうよりかは喋り方なのかな。この喋り方だと、この人とは会話できるけれども、この人とはできない。あー、この人としゃべる時は、こういうしゃべり方で、っていう使い分けっていうのはなんとなくできてたような気がします。

――子どもと遊んでる時も同じですか。

セイン そうですね。子どもと遊んでる時はだいたいアラビア語ですよね。で、フランス語も少々入ってくるような感じですかね。でー、大人たちがいるところでは、まあ、レバノン人だったら、やっぱアラビア語、フランス語。英語は、だから、むしろ、うちのお袋とだけだったかもしれないですね。んー。まあ、振り返ってみると。

エジプトからギリシャへ
――生活と「言葉」に対する意識は？

（その後、セインさんはエジプトへ移動します。そこでは、どんな言葉を使っていたのでしょうか。）

セイン あー、同じです。要は、（標準語のような）クラシック・アラビックっていうのがあって、で、レバノンなまり、アラビアなまりっていうのがあって、するとこう、なんて言うのかな、方言って言うのかな、ちょっと変わってくる感じですけれども、そのクラシックさえ覚えていれば、コミュニケーションはとれる感じですね。だから、標準語と関西弁の人たちが話し合っている感じですね。多少言葉は違っていたりはするけれども、言ってることは分かるっていう。そういう違いがあっただけで、基本的には、まあ、フランス語も一緒ですし、あそこ（エジプト）もフランスの植民地だったので、だから、あの、切り替えっていう大げさなことではなくって、ただまあ、慣れって言う感じだけだったと思いますね。

――エジプトでは学校に行かれたんですか。

セイン 行きました。まだ幼稚園っていう感じですかね。フレンチ学校、フランス語学校だったんですけれども。基本的には、でも、やっぱりアラビア語とフランス語、ですね。

――子どもたちは、両言語使う子ばっかりだったんですか。

セイン そうですね。はい。基本的には。

――先生も両言語、しゃべるんですか。

セイン 両言語使いますね。義務教育的には両方、両方だったんですよね。どっちかがメインっていうわけでもなかったと思いますね。んー。両方がメインだったような気がします。

――エジプトにいた時に、何か言葉で困ったことはありましたか。

セイン 特にないですね。あるとしても、だから、それもレバノンと一緒ですけれども、あるとしたら、その vocabulary。要は、その単語の足りなさですよね。子どもながらの、豊富な単語がない分、その、伝えたいことが十分に伝わらなかったっていうのがあるかもしれないですけれども。基本的に、言いたいことは子どもながらに言えてたような気がします。

そして日本へ——初めて日本語に触れて

（セインさんがエジプトに滞在していたのは五歳から六歳にかけての時期でした。その後、一家はギリシャを経て、日本へ移動します。日本に着いて、セインさんは神奈川県の小学校一年生に編入学しました。）

——覚えてらっしゃいますか。

セイン　小学生の時ですか？　覚えてますよ。覚えてますよ。あのー、藤沢市の明治小学校っていうところだったんですけれども。あのー、唯一の外人でしたし。ええ、結構物珍しそうにみんな集まってきたのは覚えてますね。えー、で、言葉が全く、全然通じないっていうのもありましたし。普通の公立の小学校に放り込まれたものですから。もう、習うしかないっていうか。「習うより慣れろ」的な感じだったんで。

でも、それもすぐに、たぶん三か月ぐらいで、だいたい基礎は、覚えたと思いますけど。先生も、マツナガ先生っていう、すごくいい先生がついてらしたんですけれども、彼女も必死に、片手に辞書持ちながら、こう、教えてくれたりしてましたから。

（小学校の一年生と言えば、海外でも日本でも文字を習う時期です。セインさんはその頃、どうだったのでしょうか？）

セイン　それが、僕はできなかったんですよね。英語はもちろん。で、アラビア語は、自分の名前を書くくらいはたぶんできたと思うんですけれども。フランス語もままならないっていう感じでしたし。だから、そっから今度は日本語も覚えなきゃいけなかったんで。

日本語はひらがな、カタカナ、漢字でしょ。もう、ひらがな覚えるのに必死で。漢字がだんだん、こう、遅れていったっていう感じだったんですよ。んー。でも、読めない分、書けない分、言葉でコミュニケーションがとれるんで、そっちの方が発達していったのかもしれないと思うんですけれども。

んー。それは覚えてますよ。で、先生が、ちゃんと、うちに、家庭教師じゃないけれども、ちゃんと、学校の、もうちょっとこう、低学年じゃなくて、up-classroom、（高学年）の子をうちに寄せて、こう、勉強させてくれるようなこともしてくれたんですけれども。ただ、スゴイ遊びたい盛りだったんで。あまり、それは効果なかったみたいですけれども。だから、むしろ、友だちと遊んでいるうちに、あのー、コミュニケーションとらなきゃいけないっていう状況に追い込まれて、そこで習うっていうのが一番てっとりばやいっていうか、だったと思うんですけれども。

日本にいた頃の家庭の様子

（家庭の中のコミュニケーションはどうだったのでしょうか。）

セイン　うちのお袋は、家の中では、もう、英語で。英語の先生やってたんで。

——お母さまは、たとえば宿題をみてくれるとか、そういうことは？

セイン　見ても分かんないですもん（笑）。だから、宿題、宿題ってあんまやんなかったイメージですよ。で、学校に行って怒られては、こう、クラスメートのをちょっと、覗き見したりして。だから、ほとんどやってたもの、練習とかっていうのは、学校内ですよね。終わってから、遊びたいのが、上回っちゃって、気持ち的に。だから、遊ぶ方に集中してましたね、どっちかっていうと。もちろん、書いたりっていうのはやりましたけれども、あのー、マスが書いてあるもの？　小学校の、あいうのやってたりしてましたけれども。だから、俺、書くのが下手くそなんだろうな、たぶん字とか。いまだに、四年生ぐらいで止まってますもん。

日本の小学校で「外人」と呼ばれて

（学校の中で唯一の「外国人児童」だったセインさんは、身長も高く、目立った存在だったそうです。クラスメートの反応はどうだったのでしょうか）

セイン　あのー、珍しかったっていうので、興味があって、こう、接してきたとかっていうのがほとんどですけれども。あと、無意識でみんな指さして、「外人だ」って言うんですよ。「エー?!　オレ?!」っていう、それがね、結構トラウマになっていったっていう覚えはありますよね。外人っていう言葉にちょっと、敏感に反応するようになってったっていうのはありますけれども。

ただね、今は外人っていう言葉を使わないで、外人さんか外国人って言ってくださいって言われるんですけど、使い方の問題だと思うし、内容の問題だと思うんですよ。分かってない人が、外人っていう言葉を差別用語だって決めつけてるだけで、そうじゃないでしょと。あの、要は分かっていれば、それがどういうふうに使われているかによって、その内容が浮上してくると思うんですけども。だから、僕は、そのなんだろ、外人っていう言葉に関して敏感になってたのは、自分がみんなと違うっていうもので指されてたので、別に差別的なものではなくて、なんか、強調されて言われてたのが、あんまり好きじゃなかった。で、見て分かるじゃん、わざわざそう言うことじゃないでしょっていうふうに思ったっていうのがありますけど。

（なるほど。では、セインさんがそのように考える背景には何があったのでしょうか。）

セイン　むしろ、僕がいたレバノンだったりエジプトだったりとかっていうのは、もういろんな人種が入り混じっているような感じのところだったし、「外人」っていう言葉がないくらい、もう、社会だったわけだから、だから、（「外人」という言葉が）あまりにも多く聞こえてくると、なんかこう、何なんだろ、「そこまで言うの」っていうのはありますけども。

だから、逆に、それも、ちょっと、一つのコンプレックスになったせいか、じゃあ、ここまでこう言われるんだったら、言葉で返そうというか。だから、できるだけ、外人なまりの日本語とかいうのもすごい嫌だったですし、できるだけ同じようにネイティブに（日本人のように）、喋りたいっていうのがそこらへんから出てきたのかもしれないですね。

だから、（僕が）エジプトにいた時も、レバノンにいた時も、みんな、発音はすごくいいって誉められてたのはあるんですよ。だから、もしかしたら、慣れる耳が出来あがってたのかもしれないんで、たぶん、どんどん、どんどん、日本語に対しても、上手くできるようになっていったのも、きっかけになっていったのかもしれないですね。

日本語を意識的に学ぼうとしたのか

セイン　意識してたと思いますね。あの、見た目が、どう見ても転んでも変えられないので、その見た目にあまり強調されないように、言葉でそれを上回ろうっていうか、ギャップを埋めていこうっていう感じが、ひそかにあったんじゃないかって思いますね。

——その時の勉強の仕方は？

セイン　いや、もう、見よう見まねですよね。オウム返しっていうか、やっぱり、言ってる言葉を繰り返す、できるだけ全く同じように、要はもう、繰り返しですよね。オウムですよね。だから、最初は全然何言ってるか分からないけれども、自分の知ってる言葉、彼らが知ってる言葉を手ぶり身ぶりで。

だからね、あの、すごく印象に残ってる言葉が、「まっすぐ」っていう言葉なんですよ。なんか、妙に、「まっすぐ」っていう言葉が、「ここまっすぐ行くからね」、「まっすぐ行くからね」、こう指して、なんか、「まっすぐ」っていう言葉と、その動作と、意味が、なんか、一致したような気がしたんですけれども、それがアラビア語だと、「なんとか」。今思い出せないんですけれども、「なんとか」。だから、それを僕は繰り返してたのね、「まっすぐナハラ」とかいう言葉で。「あ、そうそうそう」っていうことで。

（アラビア語と日本語の意味の世界が、小学生のセインさんの頭の中で結びついた瞬間でした。それが、セインさんにとって言葉を学ぶ大きなきっかけになりました。）

セイン　二つの違う言葉が一致したところで、どんどん、どんどん、違う言葉にも、そうしたやり方で、他のものにも当てはめていったっていうのがあると思うんですよ。だから、すごい、あのー、言葉っていうものは、コミュニケーションのツールにしかすぎないのであって、あと、じゃあ、ツール、道具は何があるのかっていうと、身体とか、あと、手だったりとか。紙になんかこう、書いたりとか、要は言葉で通じない、身ぶり手ぶりで通じないのであれば、じゃあ絵で描いて示すっていう、何かしらの方法で、コミュニケーションっていうのは、いろんな道具を使えばできると。

だから、そこらへんからですよね、ありとあらゆる手段を使って、なんかこう、伝えるっていうことができるようになったのは。だから、言葉もそうですけれども、その動作、身ぶり手ぶりっていうので、どんどん、あのvocabularyを増やしていって、その文法といった、たとえばそういったものを後から当てはめていった、といったものをやっていったと思います。

（その後、セインさんは日本の小学校で日本語の世界に浸る生活をしていきます。その頃学んだ九九などは、今でも計算する時に口をついで出てくるそうです。では、英語はどうなったのでしょうか。）

日本語力が身についていくと、英語力はどうなるのか

――日本語をどんどん、吸収していったら、英語は、どういうふうになりました？

セイン　イヤー、衰えますね、やっぱり。日本語の方に集中してるもんですから、で、日本語、使ってる時間帯っていうのが、圧倒的に英語使ってる時間帯よりも長いような気がしたんですよ。で、家に帰ったら、家に帰ったで、英語の勉強をさせられるわけですよね。できないから。

――どんな勉強をされたんですか。

セイン　読み書きとか。あの、読むのがめんどくさいんですよ。英語の（発音）、めんどくさいでしょ。なんか、eがつくかつかないかで、at[ət]がate[éit]になったりとか、そういうのがね、いまだによく分かんなくって、phonetics（発音）、母音、子音、その音で言葉を表すっていうのが、日本語と違って。日本語って、もうそのまんまじゃないですか。英語って、変化があるっていうかね、ghが入ることでサイレントになるかならないかとか、そういったのがね、ルールが多すぎて、めんどくさくって嫌いだったんですね。だから、そのまんまきちゃったもんだから、今度、親父がシンガポールに転勤になった時に、またイギリス学校に行かされたんです。

レバノンで暮らしていたころ

（セインさんは、日本の小学校からシンガポールの小学校へ転校します。）

日本からシンガポールへ——日本語から英語へ

——それは何歳ぐらい？

セイン　四年生だから、だいたい一〇歳ぐらいですよね。一〇歳ぐらいでシンガポール行った時に、本当は四年生のクラスに入らなきゃいけないのに、二年生まで下げられたんですよ。で、そこで今度は intensive reading、集中的なクラスを受けさせられたんです。だから、それだけできてなかったってことなんですけれども。そこから、また最初からのやり直しで、読むことに集中するっていう。

（「集中クラス」とは、在籍クラスから英語力が弱い子どもを「取り出し」て、別の教室で英語を集中的に教えるクラスのことです。）

セイン　ただ、不思議と僕だけじゃなかったみたいですね。その他に、問題があるっていうか、やっぱり、ちょっと読むのに苦労しているネイティブの子たちもいたりとかしてたみたいで。その子たちと同じクラスに入れられたっていうのがあるんですけれども。そっから、まあ、読めるようにはなったんですけれども、あの、ただ、やっぱり苦手ですよね。どっかしらに、苦手意識っていうのがあって、いまだに、まだ、読むのは嫌いじゃないんですけれども、遅いんですよ。

読めば読むほど早くなるよって、みんな言うんですけれども、それが、いっこうに速くならないんですよ。悔しいことに。もっと速くなれば、俺も楽しく読めるようになると思うのに、時間かけて読むから。なんだろ、一語一句読んでるからいけないのかな。ほら、みんな、形っていうか、言葉を一つの言葉として読んじゃうじゃない？　僕は言葉を認識はしてないと思うの。eternallyだったら、パッと見て、eternally、俺は、e-ter-nal-lyって発音して読まないとregisterしない（認識されない）。なんか、脳に障害あんのかな、あの、だからね、そこが自分に対してのすごく劣等感的な部分でもあるんですけれども、読むっていうことに関して。読めないわけじゃないし、読むの好きなんだけれども、時間がかかるから、めんどくさくなっちゃう。

（その後、ブリティッシュ・スクールでは学年を上げてもらえなかったため、セインさんの両親は、セインさんをシンガポールの別の学校、アメリカン・スクールへ転校させます。そこでは、いきなり、五年生のクラスに入れられます。小学校の五年から六年生の頃まで約二年間、シンガポールで過ごして、再び、日本に「帰国」します。そして、中学、高校と、横浜のインターナショナル・スクールで学びます。）

再び日本へ――インターナショナル・スクールでの体験

（インターナショナル・スクールで使う言葉は、英語だけだったのでしょうか。）

セイン　いや、友だちはみんなバイリンガルなんで、そこはチャンポンですね。インターナショナル・スクール特有の、あのー、英語で分からない言葉は日本語で、逆に日本語で分かんないものは英語で、それが入り混じって、結果的になるのが、「meはyouのhouseに今日行きたいんだけど、どう?」みたいな(笑)、文章になってくるわけですよね。「今日はダメだけどtomorrowはいいよ」みたいなね。そういう、変な、インターナショナル・スクール特有の変な喋り方はありましたけれども。

——それは、セインに合ってました?

セイン いや、うーん、(笑)、いや、まあ、そこまで僕、徹底してチャンポンにはしなかったですけれども。でも、そうやって、両方分かる人としゃべれるのが、一番、簡単だったかもしれないですね。言葉に困らないっていうか、困ったり、とっさに単語が出てこなかった、「ほら、日本語で言うとこうなんだけど」っていう、すぐ分かってもらえるっていうのが、スムーズにコミュニケーションがとれるような気がしましたけどね。

その時の「わたしの言葉」は?

——中学、高校時代で、一番自分に合っていた世界っていうのは、どの言葉の世界ですか?

セイン どうなんだろ。そこまでたどりついた時点では、自分の気持ちを素直に伝えられるのは、もしかしたら、英語の方だったかもしれないですね。あの、英語の単語の方が豊富だったと、自分では思ってるんで。はい。日本語は専門用語とかそういったものがある分、もちろん英語もそうなんだけれども、まだ、ニュアンス的には、英語の方が、自分の心の奥底にあるものを表そうと思ったら、英語寄りなのかなっていうふうには、思ってましたけれども。

日本からアメリカへ――「移動」する時は、どんな気持ち？

――高校卒業した後に、アメリカへ行かれたんですね。それは、何か理由があったんですか。

セイン　あのー、まず、日本にいるのが疲れたっていうか。ほら、今までずっと二年周期で動いてたりしてたのが、日本に戻ってきてからかなりの時間、日本にいたっていうのがあったから。（高校を）卒業したら、親元から離れたかったっていうのがあったのと、自分の生まれ故郷を訪ねたかったっていうのがあるのと。あとはなんだろ、まあ、アメリカは意識的には行ったことないじゃないですか。生まれてから。

生まれたのはあくまでも、そうだけれども、大人になってからの意識として、そこに行ったことがなかったたっていうのもあったりして。（アメリカへは）まあ、行ってみたかったたっていうのが単純にあるんですけれども。もしかしたら、ちょっとした反抗期でもあったのかもしれないですね。親から離れて自分のやりたいことやりたいみたいな。

思い描いていた出身国、アメリカの現実

（セインさんは、高校を卒業してから、ニューヨークの大学へ進学します。日本では米軍基地の教会に行き、サマーキャンプなどで「アメリカ」を経験していました。また、テレビや映画などからアメリカのイメージをたくさん吸収していたそうです。では、実際にアメリカへ渡っ

た時、アメリカのこと、自分自身のことをどう感じたのでしょうか。)

セイン　僕はNew York生まれだし、行き先はニューヨークですから、ここに行くっていうのは、あったんですね。自分の中では。頭の中では。で、行って、実際行ってみたら、やっぱり、あースゴイっていうふうに思いましたし、ま、初めてアメリカ人として行くわけなんですけれども、完璧なアメリカ人ではなく、それまでには、むしろ日本の方に親しみを感じている、アメリカのこと、むしろ分からないアメリカ人として行くわけだから。まあ、結構、複雑な気持ちではありましたよね。

で、アメリカに着いたら着いたで、今度は、みんなアメリカ人として当たり前に接するわけですけれども、自分はアメリカの文化っていうの、そこまでどっぷり浸かってるわけではないので、話についていけなかっていうのはもちろんあったりもしますし、テレビ番組についてだったりとか、映画も半年遅れで日本に来たりとかするから、みんなが見てるもの、まだ見てなかったりとか、その音楽とかもそうですけれども、そういった時差っていうか、差が出てきたりとかしてて、話についていけないと、みんな、「え、どっからだっけ？　どこの田舎から来たの？」っていう、「ジャパンだけどね」「え、そこ何州？」みたいなね。「州？　いや、国の」「ああ、チャイナね」みたいな、「いや、それも違うんだけど」っていう、そういうところの、なんだろ、イラダチがあったり。

イラダチと同時に、複雑な気持ちだったりとか、ジレンマだったりとか。アイデンティティ・クライシス(Identity crisis)っていうのかな。自分は何、何人なのか、っていう、ちょっと落ち込んだ時期もありましたし、日本に行ったら外人なんだけど、日本のこと、いっぱいよく知ってると思ってるし、アメリカに来たらアメリカ人として扱われるけどアメリカのこと、知らないし、何、何、何なんだろう、俺。

これってどこに当てはまる人間なのかなって。全然ダメじゃんって思ってた時期もあって、それが逆にある日、何かのきっかけで、これは逆にいいことじゃないのかなってポジティブに考えるようにしてみたら、両方のいいところを持ってるわけだから、そこを活かせばいいんじゃないか。それを自分の武器にすれば、より一層効果的なものが、creativeなものが出てくるかもしれないので、っていうところから、まあ、大学時代を楽しく過ごせるようになったんですけれども。

そしたら、失恋して、ハートブレイクして、で、ホームシックになって（日本に）戻ってきたっていう。だから、まあ、そこにいた時は、複雑な気持ちでしたね。

――「そこ」っていうのはアメリカですか。

セイン アメリカですね。はい。英語は普通にしゃべれるし、ただ、アクセントが、どこ？っていうのがあったみたいで、アメリカ人で、普通の、アメリカのアメリカに近い英語をしゃべってますけれども、うちのお袋はイギリス人ですし、結構アクセントとしてはニュートラルなんですね。で、だから、ニューヨークに二年いたけれども、ニューヨーク・アクセントがついたかといわれたら、そうでもなかったし。なんかね、変な時を過ごしたなっていう感じですけれどもね。面白いですけど。

親に反発する気持ちは？

――さっき、アイデンティティ・クライシスって言われましたけれども、そういう時は、親に対して反発するとか、親に文句言うとか、そういうような気持ちってありましたか。

セイン　もちろん、あったと思いますよ。自分以外のものに当たってたのはあると思いますよ。自分がいけないわけじゃないと思いますから。八当たりっていうのかな、なんか、当たってたのかもしれないですね。でも、それは、そのまま悪い方向に行ってしまってたら、そのまま悪い方向に行って終わってたかもしれないと思うけれども、なんかのきっかけで、それが、全部悪いわけじゃないじゃんって。友だちがね、「お前面白い」、「面白いバックグラウンド持ってから、それ、何か、うらやましいよ」っていう違う方向に動かしてくれたっていうのが（あって）、ポジティブに考えられるようになったので、良かったと思いますけれども。でも、たぶん、その落ち込んでた時っていうのは、やっぱ親のせいにしてた部分っていうのはあると思いますよ。それはでも普通っていうか自然なリアクションじゃないかって思いますけどね。

多言語環境で育った経験と今の自分

（セインさんは生まれた時から成人するまで、たくさんの国を「移動」し、いろいろな体験をし、それぞれの環境で異なる言葉を学んできました。その経験は、今、活きているのでしょうか。）

セイン　活きてると思いますよ。あのー、それがあったからこそ、今の自分のキャラクターがあったと思うんですよね。その経験をしていなかったら、分かんないですけれども。たとえば、人に対する見方も変わってきたかもしれないと思いますし、差別的な人間になってたかもしれないし。あのー、何とも言えないですけれども、無意識にですよ、でも、いろんなところに行って、いろんな人と出会って、触れ合って、いろんな文化を見てきて、いろんな宗教とかも、やっぱ、接触してきたことによって、自分はいろんなものを受け入れる態勢でいると思ってますし、別に受け入れなかったとしても、違いがあるというものが前提で、それをジャッジすることではなくて、違うのが根本にあって、この人こういう考え方なんだ、俺はこういう考え方なんだ、違うけれども、なるほど、面白いなと、それができる人になってた、なってると思うんですね。

英語への気持ち、日本語への気持ち

（セインさんは、ニューヨークから、再び日本にやってきます。そして、英語と日本語を使った生活になります。では、セインさんは英語と日本語のどちらが得意なのでしょうか。）

セイン　話すのは、どっちもどっちです。話すのはどっちもどっちなんですけれども、物を文に起こして書くってことになってくると、英語の方が気持ちいいです。日本語は、やっぱ苦手っていうのが、どっかに、どっかにあるんですよね。

（英語で詩を書くこともあるというセインさんにとって、英語は何？　日本語は何？）

セイン　どんなものなんだろうな。やっぱり、コミュニケーションのツールですよね。まず、大事なコミュニケーションのツール。一番は。日本語は僕にとっての商売道具でもあるわけですから、それは、やっぱり大事にしていきたいと思いますし、英語ももちろんそうですよね。英語は、自分の深いところで自分のアイデンティティでもあるし、日本語もそうですよね。日本語も、なかったら、今の僕はいないと思いますし、だから、ふた開けてみれば、言葉ですよね。コミュニケーションのツールなわけですから。

そのツールをすごく必要としている僕としては、大事な道具なんですよね。で、自分の一部でもあるから、それは、本当に、今後も大事にしていきたいと。

「移動する子ども」たちへのメッセージ

（最後に、ご自身の経験をもとに、子どもたちへのメッセージをお願いしました。）

セイン　多少いじめられたっていうのもあるのよ。違う意味で。要は、浅く広くだし、いろんなとこ行って、「お前は誰だ」っていうのはあったけれども、逆にね、そういう人たちっていうのは、自分たちは同じ田舎町に生まれて、ずっと育って、他を見てないから、「井戸の蛙」じゃないけれども、他を知らないっていう、本当にそういった意識で、うらやましがって見てるから。それでいじめたりとかするんだよね。だから、よく日本に戻ってくる帰国子女とかは、「何だよ、おめー、英語、知ってるからってよ」とか、こう、いじめられることってあるじゃないですか。自分たちができないからなんだよね。悔しいからなんだよね。だから、そういうのに負けないで、自分の持っていること、自分の持っているものっていうのは、他の人にないものだから、すごくいいものだと思って信じて、うん、頑張ってもらいたいと、っていうことなのかな、メッセージとしては。

（インタビュー実施日：二〇〇九年三月二日）

インタビューを終えて

ご覧のとおり、セインさんは幼少の頃からグローバルに「移動」を繰り返して来られました。その中で、たくさんの言語に触れましたが、小学校の時四年間過ごした日本の経験が現在につながっているという点は、興味深い点でした。もちろん、この背景には家族が大きな役割を果たしたことでしょう。

セインさんのお母さまが再婚された相手は日本人男性で、航空会社にお勤めだったそうです。その義理のお父さまの転勤にともない、セインさんの家族は世界各地を「移動」したということです。お父さまは、ドイツ哲学やドイツ語を勉強され、仕事では英語やアラビア語も使われたので、セインさんが幼少の頃は、家庭ではあまり日本語は使わず、英語など他の言葉でコミュニケーションをとっておられたそうです。セインさんは、今ではもちろんお父さまと日本語でも英語でも会話することができるそうです。

セインさんは、幼少の頃にアラビア語やフランス語、英語など、複数の言語に触れながら、遊ぶ相手によって一つの言葉が通じなければ違う言葉で言ってみるといった、日常場面での試行錯誤を通じて、言葉を認識したり言葉と意味の関係を理解したりしたと話してくださいました。幼少の子どもが複数言語環境で暮らすストラテジーとして、とてもリアルなお話だったと思いました。また、日本語とアラビア語を比較しながら言葉を認識していった話も、子どもが言葉をどう認識するかを考えるうえで、貴重な証言です。

そのような幼少の頃のご経験は、その後の他者理解や相手の異なる背景を理解したりすることにつながったとも言われました。複数言語環境で暮らす子どもたちの可能性を見る思いです。

さらに、日本語と英語に対して、セインさん自身は微妙な距離を持っていらっしゃるように私には感じられました。インタビューのやりとりからもお分かりのように、セインさんの日本語能力は非常に高いと思いますが、そのような他者の評価よりも、ご自身が思う日本語についての自己評価や、英語についての自己評価の方が、実はセインさんにとっては意味があるのだろうと思いました。

セインさんは、日本で仕事をするようになって、電話や接客の場面で使用される敬語や、年齢や先輩後輩のような関係で使用される表現などを、意識的に習得していったそうです。社会的な仕事を行いながら、そして自分の目指すゴールのために必要な言葉を学んでいく、その方法は、まさに、その人自身の「生き方」、人生そのものであることを、セインさんは私たちに教えてくださったと思います。

移動する子ども②

台湾で中国語を話し、自分は台湾人と思っていた

一青 妙

（女優・歯科医師）

ひとと たえ　父は台湾人。母は日本人。妙さんは東京で生まれる。一青は母方の姓。生後から小学校まで台湾で育つ。その後、日本に移動、東京で成長する。現在、女優であり、歯科医師としても活躍している。映画「恋するインセントマン」（二〇〇六）の主演ほか、「エゴイスト～egoist～」（フジテレビ、二〇〇九）など、映画、舞台、テレビに出演している。歌手の一青窈さんは実妹。

インタビューをお願いした時、一青妙さんは「エゴイスト」（昼の連続ドラマ）に出演中でした。それで、その収録の合間に、お話しましょうということになり、私は世田谷のスタジオを訪ねました。

歯科医師であり、女優である一青妙さんって、どんな人だろうと興味津津でした。お会いしたのは、女優さん用の控え室でした。白い壁、長机にパイプ椅子という無機質な空間。そこに咲いた一輪の花のように一青妙さんは静かに座り、朗らかな笑顔で私の質問に答えながら、ゆっくりとご自身のことをお話してくださいました。

「何とお呼びしたらいいですか」という私の問いかけに、一青さんは「妙さんで、いいですよ」と答えられました。では、妙さんの「移動する子ども」の半生を聞いてみましょう。

言葉が異なることを意識するまで

（幼少時に他国へ移動し、複数の言語の中で生活する子どもは、どのように言葉を使い分けるのでしょうか。）

一青　私、生まれてから半年くらいしてすぐに台湾に行きまして、そこからずっと逆に台湾の生活になったんですね。半年後から小学校六年の終わりまで、ずっと台湾の現地の学校に通ってましたんで、その中でおそらく、言葉をしゃべったり、記憶に残っているようなのは、三歳とか四歳くらいで、初めて外でしゃべってる言葉とうちの中で言葉が違うって、おそらく外国人なのかなっていうのを意識した記憶があります。

――外に行くと近所の子どもたちと遊んだり？

一青　そうですね。現地の学校に通ってましたので、台湾の友だちですね。

――その時はどんなふうにコミュニケーションをしていたんでしょうね。

一青　自然と中国語と、台湾語を聞き分けて使っていた。あと父方の親戚は全員台湾に住んでいますので、その方たちとは台湾語であったり北京語だったり。※

（そのような複数言語の中にいて、言葉の混乱はなかったのでしょうか。）

一青　記憶にあるのは、母より、私が大きくなってから言われたのは、普通だったら一歳くらいで言葉を発すると思うんですけど、すごく遅かったと。たぶんそれはいろいろな言葉の環境の変化にどう対応していいのかっていうのをじっと待ってるような時期で、ある日突然、かなり遅れてすべての言葉を話し始めたっていうのを母からは聞いているんですけど。

（どうも、お母さまは、妙さんの言葉が遅いのではないかと心配されていたようです。母子手帳にもその痕跡があるとか。では、妙さん自身は、そのことをどう思っていたのでしょう。）

一青　今考えるとそれからは何も考えずに、スイッチを切り替えていた、意識もせずにやっていたんだと思います。

（一般に、言語形成期の初期にあたる幼少時の子どもは、認知発達の初期の段階にあるため、言語の違いをあまり認識できず、そのまま複数言語を使用すると言われています。幼少期の妙さんが意識せずに言葉を使い分けながらも、内と外の言葉の違いに気づいていたのは注目されます。）

小学校時代、台湾の言葉と日本語を学んでいた頃

（では、小学校では、どんなお子さんだったのでしょう。）

一青　もうまるっきり台湾人だと自分は思い込んで、学校にいる時はもちろん現地の人という形で話していたと思います。でも友だちの中には、台湾に駐在する日本人学校に通う日本の友だちとかもいたので、そういう人と遊ぶ時は日本語でって。

——そういう時にコミュニケーションが大変だとか、勉強が大変とかは。

一青　まるっきりなかったと思います。逆に、台湾人だとずっと思って、そっちの方が強かった。学校は台湾の学校だったので、それが根底にあって勉強してきた。日本の勉強がどういうのかを全く知らないので、苦労はせずに勉強はしていました。

（その頃、妙さんは複数の言葉について、どんなふうに感じていたのでしょうか。）

一青　小さい時に、大人たちが話している三つの言葉が聞こえてきて、すごい不思議な感覚でした。おそらくその時に自分で子どもながらにいい悪いっていうのを使い分けていました。たとえばおばさんたちが現地の言葉でしゃべっていて、それが聞かれたらまずいなって感じでしゃべってなくても、こっちとしては聞いちゃまずいなって、分からないふりをしていたりとか、日本語で話していても分からないふりをしたり。どっちかっていうとあんまり話さない寡黙なような、大人の中では、自分からは発しないようにガードを張っていたと思います。

（地元の学校へ通いながら、日本語はどのように勉強していたのでしょう？）

一青　母が、将来的に日本に行くことを意識していたのか分からないのですけれども、家の中では日本語ですし、ビデオとか、『小学校一年生』とかいう雑誌で日本語を読んだり、テレビを見たりして、

注※　台湾では大きく分けて、公用語・教育用の言語として「国語」と呼ばれる中国語（北京語）と、日常、台湾人が使用する台湾語（閩南語・中国の南方の方言）という二つの言語がある。また、台湾で使用されている中国語（北京語）は大陸の中国語（北京語）とは発音や語彙に差異があるし、漢字も、台湾では繁体字、大陸では簡体字が使用されるなど、異なる面もある。なお、台湾にはそれら以外に、客家語などの諸語や先住民の言語もある。

読み書きを勉強してきたっていう感じです。

――その時間は楽しい時間なんですか。

一青　日本はテレビがものすごく面白くて、台湾の方は娯楽が少なかったので、それがすごく楽しみでした。学校の休みごとに日本には来ていたので、そこで触れる日本語、子どもながらに、日本の方が進歩している、開放的で楽しいっていうのがあったので、日本に行くことを楽しみにして、日本に行くことはいいことだと自分では思っていました。

（では、その頃、日本に来て、日本語で困ることはなかったのでしょうか。）

一青　特になかったですね。日本にきて日本語をしゃべっているっていうのは、向こうで両親と日本語でしゃべったりするのと一緒でしたし。変だよって言われた記憶もないですし。

――休みが終わって台湾に帰って、日本に帰ったってことをお話されるんですか。

一青　そうですね。現地の友だちはみんな私がハーフだってことが分かっていたので、小学校の時ですと、文房具類とかが、日本の方が新しいものが多くて、日本のおもちゃだったりとかに珍しいものが多くて、現地の人たちはうちに遊びに来たいって。いつも人が来てみんなで遊んでたっていう記憶があります。

――じゃあ、みんなにうらやましがられたり？

一青　そうですね。小学校高学年になるとちょっとねたみというか、を感じ取った記憶があります。

台湾の学校から日本の学校へ

（小学校の高学年になると、勉強も難しくなりますし、言葉も難しくなります。妙さんは、どんなふうに感じていたのでしょうか。）

一青　そうですね。勉強の内容的に中国語がついていけないっていうよりは教育的なカリキュラムが小学校で一日八時間授業。体育の授業は週に一回。毎日宿題が出て、小学校五、六年だと夜の一一時くらいまで勉強して、翌朝七時から朝の補習が始まるんですね。中学に上がってさらに厳しくなっていく。あとは中学に上がると全員おかっぱじゃなきゃいけないとかもあって。なんでこんなに苦しい思いまでしてっていうのがありました。それで親からは、もし日本に行くなら行きたいかって聞かれたのは覚えてまして、その時は、とにかく行くって答えた覚えはあります。

（妙さんは、喜んで日本に行くことを決意したそうです。そして、東京へ。都内の公立小学校六年生へ編入します。そこは、当時の「帰国子女受け入れ校」でした。妙さんは、そこで、何を感じたのでしょうか。）

一青　土曜日に必ず日本語の授業とか、算数、理科などのついていけない教科の補習という、いろんな国から帰ってきた人たちのための特別な授業があったんですけど、それに私の場合ちょっとしか出なくても苦労せずに普通のクラスに入って、大丈夫だったんですけど。

――普通のクラスに入って、周りの子どもは妙さんのことをどう見てたんですか。

一青　ほとんどが英語圏、アジア圏ではないところからの子どもだったんですね。そういう人たちはそれでいい意味でねたまれたり、あ、外国から来たんだっていう感じだったんですけど。でも私は日本語が普通ですし、見た目ハーフっていう感じじゃないので帰国子女だっていうのを忘れさられていたって感じですね。でも最初苦労したのは漢字が、台湾の場合、繁体字ですので、日本に来た時に国語の授業の時に全部繁体字で書いていたんですね。そうすると、その時には、そんな知ったかぶりをしてってていうことを言われていやだったなって思った記憶があります。

──中国語ができるっていうことはなるべく…?

一青　一切言わなかったですね。向こうも興味を持っていなかったですし。聞かれもしなかった分、自分から言わなかった。あとは、同じクラスにたまたま英語圏から帰ってきた子がいたんですけどその子がみんなから言われて、怒る時も全部英語で返していて、そういうのを見ながら、あんまりそういうことをしても得にはならないなって、しゃべらない方だったと思います。

（妙さんの賢さが見えるエピソードですね。さらに中学校では?）

中学校で、中国語を封印

一青　小学校と同じように、二〇人くらいいた帰国子女の中でアジア圏は私だけ。中学からだと英語を習い始めるので、英語がしゃべれる人はスーパースターみたいな、でも私は日の目をみないっていうか。みんなからはそういえば妙ちゃんって帰国子女だったの?　って、中学三年とか高一になってから言われるようになった。

——ご自身の中国語や台湾の知識は教室で発揮しない？

一青　なかったですね。自分では封印していたのと、自分では勉強もしてなかったです。五年くらいは全く（中国語を）使わなかった。

——台湾には帰らなかった？

一青　台湾に帰るのは年に一、二回ありました。その時は親戚と話す時に中国語を使っていたという程度。積極的に日本で（中国語を）勉強したっていうのはなかった。でも親はすごく（中国語を）記憶させたかった。必死に。最初は中一、二（年）と北京語の先生を家庭教師としてつけてくれた。でも私はそれをすごく嫌がって、真面目にやらなかったので、諦めてなくなってしまったっていう。

——嫌がったっていうのは？

一青　必要ないって思ってたんですね。やっても楽しくないですし。日本で中国語をやろうとする場合はピンインのローマ字で。私は台湾ではローマ字ではなく別のひらがなみたいなのでやってきたので。それにもついていけなくて、それを新しく覚えようという気も全くなかったので。

——台湾に一時的に帰る時、中国語はよみがえってくるのですか。

一青　そうですね。会話でしたらできてるんで、不自由なく使っていました。街中とかでも。

（複数の言語を抱えながら成長する子どもたちは、思春期で、周りの友人たちの反応から自分の言葉を見つめます。妙さんが「中国語」を封印した背景には、中国語より英語を「社会的に価値のある言語」と見る社会の見方が影響していたのでしょう。ただし、その見方は、社会の変化によっても、また子どもの成長につれても変わっていきます。）

中学校から高校へ――中国語はプラスにならない。

（では、高校では、どうだったのでしょう。）

一青　高校二、三年くらいから第二外国語で中国語が出始めた頃、あとは中国語検定とかも始まって。ちょっと、中国語ブームみたいなのがある時に、みんなから高校に入ってから、そういえば中国語、話せるんだよねって、初めて日の目を見たっていう。嬉しくはなったんですけど、すぐに何か使えるわけでもなく。学校でも第二外国語はフランス語かドイツ語しかなく、大学の入試でもその時は中国語がなかった。自分でもちょっとはいいなって思いながらも、やはり積極的に自分からアクションはしなかったですね。

（その頃、日本語の力を妙さんはどう感じていたのでしょうか。）

一青　読み書きとか、日常で理解することは問題なかったんですけれども、小学校一年生から六年生までで習うべき理科だったり社会だったりが、ごっそり抜けているので。これは中学に入ってから感じたんですけれど、歴史的なもの、江戸時代とか徳川なんとかって言われても分からない。理科でも下弦の月とか上弦の月、そういうのも分からない。それが抜けちゃっている状態。逆に算数とかの基礎は台湾で勉強してきたので、小学校に覚えるべき九九とか暗算だったりとかは、日本語で授業を受けながらも、日本語ではなく、全部頭の中でたぶん翻訳して。今でも数を数えたりっていうことは中国語の方が早いというか、そっちの方が自然っていう感じです。なので今思うと小学校の時の学ぶべき基礎を学んだのが台湾だった分、そういうのがちょっとずつ今になって実は欠けていたというのが分かる部分が出てきています。

――そうすると中学高校の勉強は大変でしたか。

一青　社会と古典というか、が苦手意識はありましたね。嫌いになっていきました。その代わり、新しい分野、英語とか、国語でも中国の漢文とかは得意だったので。あとは数学とか化学とか物理とかは好きで。どちらかというと文系的なものはなんとなく嫌だった。

――小学校の部分が抜けているって気づいた時、どうなふうに乗り越えようと？

一青　興味があった部分に関しては自分で勉強したんですけど、興味がない部分は困らない限り、別にどうでもいいやっていうことで触れてないものがあります。困った時に初めて、何かしら引っ張ってきて読んだりとかして知識を増やしている感じです。

台湾の小学校へ通っていたころ。
右は妹の一青窈さん

――他の子どもたちが知っていることを自分は抜けている、そういう自分をどう思われましたか？

一青　いい面はその時はなく、面倒だなっていう感じですね。中学の時は両親をうらんだりっていう気持ちもどっかにはあった。中国語じゃなく、なんでアメリカとかもっとかっこいいとこじゃなかったんだろうって。

――将来を考えた時にどう思われました？

一青　自分としては医療関係に進みたいと決めていましたので、中国語は全くプラスにならないものと思っていました。何かしらの役に立つとも考えていなかったです。

大学時代――中国語でおいしいバイト

（それから妙さんは歯学部へ進学することを目指します。そのきっかけは？）

一青　自分が一番得意だったのが理数系だったっていうことと、私の場合父親が中学三年の時に亡くなって、その間、闘病生活が長く、病院というものが割と身近にあった。そういうものに興味を持って、何かを救いたいっていうのではなく、職業としてそういうのが素敵だなって。あとは自分で人体にものすごく興味があったのも一つ。そして父が亡くなったあとは母は自立して、女性としてひとりで生きていける職業、手に職をつけなさいっていうのをすごく言っていたので、それも潜在意識の中にあって、自分でじゃあ、そういう方面にいきたいなって。

――大学に入られてからは充実した生活？

一青　そうですね。大学からの友だちは私が帰国子女だっていうのは誰も知らない状態ですので、特に何もそんなこと聞かれませんし、自分からも言わない。

――それで中国語は、ない状態ですか？

一青　大学に入ったらアルバイトとかするじゃないですか。私はイベントのコンパニオンだとか、外国人が来て、翻訳だったり通訳だったり、人材派遣会社に登録していたんですけど、特技の欄に中国語って書いたんですね。そうするとそういうオファーがたくさんあったので、逆にこれはすごくいいバイトだと思って。こんなおいしいことはないなと。それで自分でもいいなと思って、少しでも資格の所に書けるように中国語検定を受けたりするようになりましたね。

（中国語が話せる妙さんにとって、検定は簡単なものだった？）

一青　そこで初めてピンインをやり始めて。私としてはネイティブ並みに話せる、聞けると思っていたので当然試験を受けても一番上の級が受かるだろうと軽く思っていたんですね。でも受けてみたら、四級からあったと思うんですけど、三級に受かるのがやっとだったんですね。問題を見てもピンインで書いてあるので分からない、文法的なことも、小学校の時に学んだ中国語は別に文法として解釈されて入ってきていないので、それを試験として目的語は何かとか言われても、読んで意味は分かるんですけど、じゃあ何を書いたらいいか分からない状態。自分としては恥ずかしいというか、屈辱的でしたよね。それで自分で勉強をしなきゃと思ってやり始めました。

――そうするとご自身の中国語能力に対してどんなお気持ちに？

一青　すごく不安になりましたよね。これで通じているのだろうかとか、小学校の時点で止まっているのでダメなんじゃないかとか。実際にアルバイトで会議とかに来るような方の通訳をすると専門用語などが出てくるので、政治的な問題だとか大人の社会で使われる中国語は私は分からないんだっていうことが分かった。仕事としても中途半端ですし、会話ができても日本で検定試験を受けると受からない。すごく宝のもち腐れというか、結局、中途半端で何もないんじゃないかって思いましたね。今まではずっと、分かっている、でもただ封印してるって思っていたので、そこで初めて自信がなくなったという記憶があります。

(中国語が「ネイティブ並みに話せる、聞ける」と思っていた妙さんが、自信をなくしたのは、どうしてでしょうか。それは、中国語能力についての社会の見方や評価(検定など)が妙さん自身の見方(自己評価)と違ったためです。つまり、自己の言葉の力についての見方は、他の人の評価や社会の見方(他者評価)に左右されるのです。このバランスにどう向き合うかは、その後の人生をどう生きるか、また自分は何かを考えることにつながっていきます。)

舞台に興味を持ち始める

——舞台の話を伺いたいんですけど。何かきっかけが?

一青　もともと表現する、たとえば学芸会だとかが好きだったので、でもそれが職業になる、それこそ手に職をつけるってことになるとは思わないですし、どうやってそれにいけるっていうことも、何の知識もなかったのでその時は忘れていたんですね。妹(一青窈)が歌に興味を持ち始めて、それが私が大学院に行き始めた時期と合致しているので、そのような話をしているうちに、あ、そういう道も自分で開いていけばあるのかなって思って、やり始めたんです。

――今は歯科のお仕事もやっていらっしゃるんですか。お忙しいですね。

一青　そうですね。歯科は自宅で開業しまして、自分一人しかいないので、自分のペースでやっています。患者さんは知り合いのみで。

（妙さんは、歯学部の大学院へ進学して研究をしていた頃に、舞台に興味を持たれたそうです。そのため、現在は、歯科医と女優という二つのお仕事をなさっています。では、今、中国語についてはどんなお気持ちなのしょうか。）

現在の中国語との関係

――中国語の話に戻りますが、今、中国語は使ってないのですか。

一青　ここ何年間かは年に四、五回台湾に帰るようになりまして。私が父母の代のおばやおじたちと話す機会が増えたんですね。なので、今の大人の中国語を帰るたびにブラッシュアップしている状態。親戚のオバにも、帰るたびに中国語、進歩したわねって言われている。

――前、不安だった中国語は、今はどうですか。

一青　今でも不安ですね。年齢的にも四〇とか五〇（歳）とかになってきますと、話すこともパブリックな感じの内容、読む文章も硬めのものを読んだり。向こうの「日経」（新聞）に値する新聞とかを読んでも辞書を引かないと分からないことだらけですし、雑誌とかもスラングとか流行っている言葉も意外と分からないなって。私の場合、同年代の現地の友だちとか若い友だちと接しているわけでもないので、そういったものは分かってないと思います。

——これからはご自身が仕事をなさっていくうえで中国語を使いたいとか？

一青　それはすごくありますね。今では小学校の時に中国語を習って、それを記憶できていたっていうのを両親にすごく感謝しています。妹の場合、六つ離れているので彼女は小学校は日本なんですね。なので一、二、三、四とかおばあちゃんおじいちゃんとかいう言葉に関しては分かるんですけど、言葉をしゃべるっていうのは一から勉強したような形なので、一緒に台湾に帰っても、妹の方は聞いて八割分かるけれども答えられないっていう状態。小学校いっぱいそこにいたことは意味があったんだなと思っていますし、感謝しています。

——仕事の中で中国語を使った劇とかは？

一青　実際にドラマで中国人役というような役をいただいたことがあってしゃべる機会があったので。それはすごくラッキーだったなと思っていますし、これからはそういうふうに使ってやっていきたいなって思っています。

（中国語を使うことを継続している妙さん。舞台の仕事でもその力を発揮して活躍しておられます。一方、六歳年下の妹、一青窈さんのお話は、同じ姉妹でもどの年齢で複数の言語を習得するかによって、大人になってから差が生まれることを示しています。）

自分の中の日本と中国

――ご自身の中で中国の部分と日本の部分が混ざっているという感じなのでしょうか。

一青 そうですね。昔はそういうふうに全然思わなかったのですけど、実際に中国語が話せることによって、中国人、台湾人からの接され方とかを思うと、向こうとしては半分受け入れてくれているような感じですので、自分としては半分半分あるということは意識しています。

――それは妙さんにとってはいいことですか。

一青 そうですね。今はすごくいいと思っています。中国語が今の日本の方々にとってはある意味認められているというか。中国も今世界で強くなってきているので。でもそれが第三国だったり、ほかの国ですと今でもそういうふうには言えなかったかもしれない。

（中国語に対する気持ちは、社会の動きや「中国」に対するイメージによっても変化してきます。中国語能力についての自己評価も、その能力を社会とのつながりの中で、何のために、どのように使うかで、変わっていくということでしょうか。）

子どもたちへのメッセージ

――今、台湾や中国から日本に小学校に来ている子どもたちへのメッセージはありますか。

一青 嫌で辞めちゃいたい、日本語が分からなかったら困難で母国に帰りたいとか、あとは、日本語は分かって、私みたいに現地の言葉（中国語）は使わないからいいじゃないかって思うこともあると思うんですけど、絶対に一つでも多く分かっていた方が、将来どうなるか分からないので、グローバルな活躍や仕事をやりたかったりするなら、それ（言葉）を、自分の道を狭めてしまうことになるので、絶対に残して、両方なり三つあるなら四つあるなら残してやる方がいいと思いますね。私の場合、自分に子どもがいる場合には、全部中国語で教えたいと思っています。

――妙さんの場合、あなたはどういう人ですかって聞かれたらどう答えますか。

一青　日本人の母と台湾人の父の間に生まれたハーフで、小学校は台湾で過ごしていまして、そのあとは日本で、だから両方分かりますって話しますね。

――分かりました。ありがとうございました。

（インタビュー実施日：二〇〇九年三月一三日）

インタビューを終えて

一青妙さんは、台湾人の父と日本人の母のもとで生まれ、生後すぐに台湾に移り、そこで小学校六年生まで生活していました。その幼少の頃から北京語、台湾語、日本語という複数の言葉の世界で、三歳、四歳の頃はご自身がほかの子どもとは違う「外国人」だと思っていたそうですが、小学校時代は台湾人だと思っていたとお話してくださいました。そして、相手によって言葉を選んでコミュニケーションをしていたそうです。六年生になってから、日本に帰ってくると、今度はその中国語を「封印」してしまいます。一九八〇年代後半のことです。妙さんの「帰国子女受け入れ校」でのご経験は、子どもたちが言葉を使うことを、社会的な文脈の中で判断していることを示しています。中国語を「封印」していても、計算は今でも中国語ですると言われるように、その言語能力は今も生かされています。小学校時代を日本で過ごしたセイン カミュさんが数を数える時、九九を使うと言われたことと似ています。どちらも、子どもの頃に算数を何語で勉強したかが大人になっても残ることがあることを示しています。そして、妙さんは大学生の時に、その中国語を使ったアルバイトがきっかけで、それまで封印していた中国語に対する見方が変化し、中国語に対してそれ以前より積極的に対応していかれます。さらに、台湾に帰り、ご親戚の中で中国語を使うことによっても、中国語に対する意識が変化してきている様子が窺えます。言葉についての意識は、環境や社会的な文脈に応じて変化していくことが分かります。

インタビューが終わってから、台湾と日本の間を「行ったり来たり」していて、自分がどこの人間なんだろうと考えたりしたことがありますかと伺ったところ、妙さんは「なかったですね。逆に、父がそれを思っていた。父は台湾人でありながら日本ですべての生活をしていたので。で、戦争があって、台湾が日本の植民地から離れて中国となった時に、それまで日本人しかいない学校で日本人として育っていたのが、突然戦争に勝った国の人になった。（台湾に）帰らなくちゃいけない。それで、すごく悩んで、一晩で髪の毛が真っ白になったって。私が生まれる前ですけど。私はいいも悪いも、現代風で、あまり考えたことはないですね。」と妙さんのお父さまのことを話してくださいました。

「移動する子どもたち」の背景にはそれぞれの家族の歴史と時代の変化があり、その中で、子どもたちは「移動」しながら大人になっていくことを、改めて、感じます。後日、妙さんから、東京で上演していた「ゲニウスロキ」（インセントフィア）の招待を受け、舞台の妙さんを拝見しました。インタビューやテレビとは異なる女優・一青妙さんの魅力を見せていただきました。これからのご活躍を期待しています。

Photo by 石川直樹

移動する子ども③

ニューヨークで英語の本を読みふけっていた

華恵

（作家）

はなえ　父はアメリカ人、母は日本人。六歳から日本で暮らす。小学校三年生の時に書いた作文で、「全国小・中学校作文コンクール東京都審査・読売新聞社賞」を受賞。翌年も同賞を受賞し、さらに翌年、「全国小・中学校作文コンクール文部科学大臣賞」を受賞。著書に、『小学生日記』（プレビジョン／角川文庫）をはじめ、『本を読むわたし-My Book Report』『ひとりの時間-My Fifteen Report』『キモチのかけら-My Sixteen Report』『たまごボーロのように』（いずれも筑摩書房）『寄り道こみち』（角川書店）がある。現在、ウェブ・マガジンや雑誌にエッセイを連載中。二〇〇九年度、高校三年生。

華恵さんの本を読んだ時、私はぜひお会いしたいと思いました。華恵さんが「移動する子ども」であっただけではなく、アメリカから来たお兄さんが日本語を懸命に覚えようとしている様子を、妹の視線から、そして、みずみずしい文章で描いていたからです。それは、私が専門とする年少者日本語教育の「教育実践」のようでした。

華恵さんへのインタビューは、私の大学の研究室で行いました。その時高校二年生だった華恵さんは、学校が終わったあと、学校の制服のまま、私の研究室に立ち寄ってくださいました。インタビューを始めてすぐに、文章と同じように、とても素直で、爽やかなお嬢さんだなあと、私は感じました。アメリカのこと、日本語や英語のこと、そしてこれからのことなど、たくさんお話を聞くことができました。

米国ニューオリンズで生まれ、すぐにニューヨークに移動した華恵さん。その頃の思い出から語っていただきました。

ニューヨークでは英語を使っていた

――ニューヨークで、覚えていることは？

華恵　一番最初は、プリスクールの記憶から。中国とかジャマイカ、インド、ドイツ、フランスとかいろんな国から来た友だちがいっぱいいて、その子たちと本を読んだり、キンダガーデンでは、先生が地球儀をもちながらゆっくりまわって、その周りをみんなで輪になってぐるぐる歩いて宇宙のしくみを学ぶとか、そういうおもしろい授業をやって。そんなことを覚えています。

――その頃は家庭と外では、ほとんど英語だったんですか。

華恵　全部、英語です。お母さんっていう単語だけは母がそう呼んでほしいということで、Mom じゃなくてお母さん。あとは全部英語で。でも祖父母が、日本からアメリカに来て、しばらくいたことがあったので、その時に「おいしい」とかそういう言葉だけは覚えました。あと、兄からは、「ばか」とか「だめ」とか。あとはなんとなく表情とか雰囲気で何を言ってるのか、つかむ程度で、ちゃんとした言葉（日本語）っていうのは知らなかったし、読むこととかは全然できなかったですね。

――自分が使っている英語とお母さんが持っている日本語と、違うなっていう感じはあるんですか。

華恵　違うなっていうか、母の、日本語を話してる時と英語を話してる時の表情とか、声が変わるので。日本語だと、お母さんというよりも自分の友だちとか自分の親と話している女の人って感じで、英語になると自分のお母さんであって、お父さんの奥さんであって。日本語を話している時は、ちょっとお母さんの違う面が一瞬見えるっていう感じがしました。アメリカの父は日本語が全くできないので、父に対しても母はずっと英語でしたし。あとベビーシッターの韓国人のおばさんがいて、子どもの私がきいても、すごくきれいな、やわらかい日本語を話す人で、その人が第二次世界大戦中に日本語をいっぱい覚えさせられたからということで、その人と話す時は、母は日本語でした。

（大人も、英語を話す時と日本語を話す時では人格が変わるなどと言いますが、子どもの目から見ても、違った人に見えるというのは、興味深い点です。その後、華恵さんは、お母さまと二人で、日本にやってきます。そこで、英語から日本語へ移行していきます。どんなふうに日本語を学んだのでしょうか。）

日本に来たばかりの頃——日本語への切り替え

華恵　日本語は、保育園に入る頃には、まあまあ、聞くことはできました。というのは、日本に来たばかりの一か月くらい、祖父母の家にいた時に、しょっちゅうテレビを見ていて、子ども向けの教育番組を見たりして日本語を浴びるように聞いていたので。そうすると自然と同じ年齢の子どもが知っている言葉は分かるようになりました。保育園に行くちょっと前あたりから、母とだけ英語で話して、それ以外は全部日本語だったんですけど、でも、保育園に行くようになったら、母としか自分の意思の伝わる世界はないんだっていうのがちょっと悔しいなと思って、しばらくして、ある日突然母に今日からもう日本語だけにするって、自分で言って、で、日本語に完全に切り替えて、伝わらない時はできるだけ英語を使わないで身ぶり手ぶりで自分で頑張って伝えるようにしました。英語でこう言うことは日本語でこう言うんだとかっていう覚え方じゃなくて、伝えたい「このこと」っていうのは日本語でこうなんだっていう。英語を日本語に変換するんではなくて。だから、日本語は割とすぐに覚えました。なんというか、赤ちゃんみたいな気分。日本語でどう言ったらいいのか分からないっていうよりは、もう言葉そのものが分からない、自分は言葉を知らないんだって思って日本語を覚えていました。

(保育園では、うまく日本語が通じたのでしょうか。)

華恵　たまに頭にきた時にとか、誰かぶつかってきた時とか、「やめて」という単語を知ってたとしても英語が出てきちゃうことがあって。そうすると向こうも「なんだ?」っていう顔をして。そういう空気になるのが嫌だったので。早く日本語を覚えたかったというのが一番大きくて。

(就学前の子どもでも、周りの子どもとの関係によって、自分の言葉を考え、どのように言葉を使うかを考えていることが分かります。では、小学校に入ると、どうなるのでしょうか。)

日本語で本を読み始める

——小学校低学年で、勉強は何が好きだったんですか。

華恵　ん〜、体育です(笑)。勉強…、勉強は算数だったかもしれない。国語は、特に好きでもなく、普通でした。ふだん、自分で本をたくさん読んでいると、情景とか、登場人物の行動だけで表す気持ちとかっていうのもあって、簡単に「やさしい気持ち」とか「悲しい気持ち」とは言えないものもあるだろうに、なんで先生は必ずこれこれって言葉を当てはめていくんだろうって。読んでた時に感じていたものが授業で習うと違うものになっていくような気がして。それは二年生の終わり、三年生になると少しずつ感じるようになりました。生意気にも（笑）。

――あなたの言葉の感覚のようなもの、どうしてそういう意識が育ってきたんでしょう。

華恵　（沈黙）ん〜、たぶんその頃読んでいた本なのかなって。三年生くらいになると童話とか絵本とかがつまらなくなって。一度、母がひこ・田中さんの『お引っ越し』だったかな、の本を借りてきて、そしたら自分と同じように離婚した子が出てくるし、自分より貧しい生活をして、いろんなドラマチックな、いろんな事件が起きるぞって。初めてそういう本を読んだ時に、なんか複雑な家庭の子の本をもっと読みたくなって。一時期そういう本をいっぱい読んだんです。そういう子って学校の授業だとかわいそうとか一つの言葉で言われたと思うんですけど、それを私はすごく嫌だったんですね。私自身も町田から文京区にきた時にうちのこととか、私のことをかわいそうとか言われてすごいイヤでした。それで、定義づけとかっていうことに敏感になっていたのかもしれないですね。

（本に熱中する華恵さんは、本からたくさんのことを学んでいきます。では、英語の力は、どうなっていったのでしょうか。）

小学校中高学年——日本語が優勢になるが、英語は?

（華恵さんは、日本の小学校に入学してから、年に一度は、お父さまとお兄さんに会うためにアメリカへ行っていたそうです。アメリカに行くと、すぐに英語が話せたのでしょうか。）

華恵　三日間くらいすれば、言いたいことをパッと言えるようになるんですけど、でも、六歳児の時よりは言いたい中身が難しくなっているのに、英語の言葉自体をもともと知らなくて、言えないっていうことがあったかもしれないです。あと、知っていても自分が前はあんまり口にしなかったから、すんなり出てこないとか。たとえば料理作るのにしても前は「まだできないの?」とかしか言わなかったのが、「これどうやって作るの」、「混ぜるの?」「炒めるの?」とか。そういう言葉を言いたいのに、実際に使うとなるとすんなり出てこなかったですね。でも、小学校二年の時に母が、今のうちに取れるものならって、英検の四級、三級、準二級って同時くらいにバアーと受けさせられて、準二級までとって。そのあとは一切、英検は受けてなくて。「そろそろ大学受験に必要だから、今年の六月くらいには受けなきゃ」って思っているんですけど。ただ、文法が分かってるんじゃなくて、リスニングだけでとったって、感じでしたね。その頃は、日本語が自分のベースの言葉になっていたので。

（華恵さんの中で徐々に日本語がベースになっていきますが、英語のリスニングができるように、華恵さんは自分の中に英語と日本語の両方の言葉があることに気づいていたのでしょう。英検準二級というのは、日本人の高校生が受けるレベルです。その英語力は、その後、どうなったのでしょうか。)

中学校での英語――自分の英語は中途半端で安っぽい

――中学生の時は、どうだったんですか。

華恵 勉強は普通にできて。英語は簡単すぎていやだなって思ってたんですけど。ほんと生意気ですけど、「先生の発音、悪いなあ」とか言っちゃったりして。でも六歳で日本に来てるので、読み書きっていうのをやってないんですね。それがすごい弱くて。で、聞けるもんだから、できる気になっちゃって。読むのは、まあ、できても、書くっていうことは全然練習する習慣がなかったので、最初の中一のテストなんて「ABCなんてバカみたい」って思いながら書いていたら、だんだん綴りを間違えるようになってきて。しかも、最初はどう勉強していいのか分からなかったですね。文法って、例文だけ読んで全部わかっていると勘違いして、ちゃんと覚えていなかったんです。でも、ちょっと難しい問題にして出されると、分からないものがある。リスニングとか、言ってる言葉は分かるし、意味も分かるし、全然、慣れている言葉なのに、書こうとするとスペル間違えちゃって。私の中ではできてる言葉だと思ってたのに、書こうとすると×点(ばってん)をもらって、最初の頃は、ちょっと混乱しました。

――その頃、自分の英語をどう感じたんですか? 六歳までニューヨークにいて自由に話せた。でも日本では、試験で、できない。

華恵　なんか自分のは安っぽい英語というか。たまに外人の先生が来るとその先生とは話せるんですよ。でもテストでやると、たとえば九〇何点ではあっても、友だちと並んでたりすると、だんだん、「アメリカにいたのに、何だ、これは」って。でも、いざ先生と話すってなると、みんなはモゴモゴしちゃったりして。こっちは書くよりも話す方が得意だからできて。最初は、「テストは、ほんとの力を表してないのかな」、「ほんとの力って、テストでは分かんないのかな」って思っちゃったりもしたんですけど。だんだん「自分の英語が中途半端で、イヤだな」って思うようになっていきましたね。テスト勉強だって「英語をやってる」っていうと、「え〜なんで、華恵って、英語、やんなきゃだめなの?」って言われるし。でも、やんなきゃ書けないし。中三にもなると塾に行っている子は、英語のもっと難しいenvironment（環境）とかって言葉まで知っていて。もちろんそういう言葉は六歳の時にはやってないから、そういうのを友達の方が私よりも知ってるってなってくると、さすがに落ち込んで。素直に「勉強しなきゃ」と思って。中三、高一あたりからだんだん自分の英語の勉強の仕方をつかめてきたって感じです。中途半端に聞けたりすると、できると錯覚しちゃって。でも実は、「いろんなもの、理解してないんだな」って。

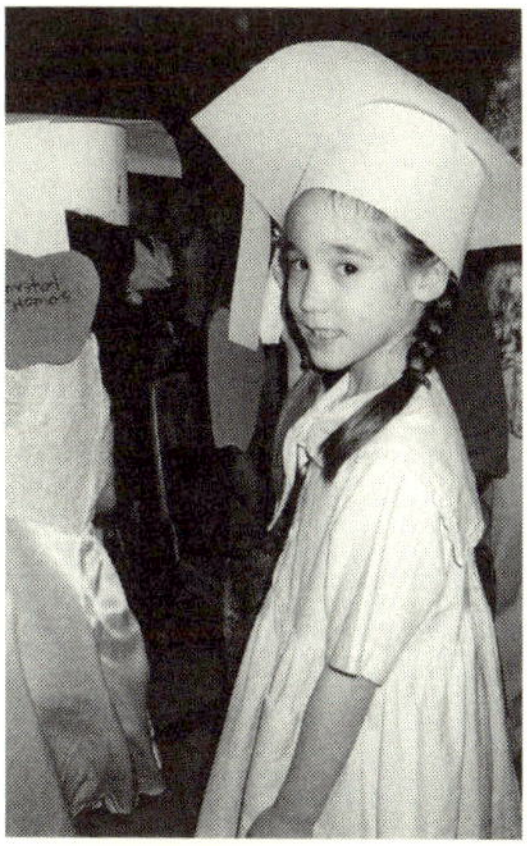

ニューヨークに暮らしていたころ

（幼少の子どもが生活の中で丸ごと英語を習得していく学び方と中高生が英語を文法用語も用いな

がら分析的に理解していく学び方は、発達段階の違いもあって、別のルートで山に登るようなものです。英検準二級の華恵さんが自分の英語を安っぽいと捉えたのは、学校や社会が作ったテストという鏡によって映し出された姿を見て感じたものでした。自分の中にある複数の言葉の力を映す鏡は、どうしたら手に入るのでしょうか。）

バイリンガルの兄と日本語だけの自分

――ご自身の中で日本語がベースだって言ってましたけど、自分の言葉の力を自己評価すると、どんな感じですか。どんなバランスになっていますか。

華恵　（沈黙）今は日本語だけだなって思いますね。英語はできると勘違いしていたからこそ、危ない入り方をしてるなって。できてる気になっちゃって、間違ってても、「でもこういうふうにも言うんじゃないの？」って言っちゃうような、危険な感じだから。良くないなと思っています。新しい単語を覚えるんじゃなくて、中途半端に入っているからこそ、聞いたことあるなあって言葉ばっかなんですね。だから、自分でこの言葉を覚えたのか覚えてなかったのか分かんないことが多くて。私は「最初からきちんと日本語を勉強して、そのあとで英語をやった方が良かったな」って思っています。

（アメリカに残っていた）兄は英語を完璧に話せる状態で日本に来たんです。アメリカにいた頃、（兄は）クラスの中で英語の授業を八人だけ難しいのをやるっていう中に選ばれて、アメリカの中でも英語はできる方だった。（兄は）英語はいい状態で、英語の難しい本を読むのも好きだったし。そういう状態で日本に来て、春休みいっぱい使って、小学校五、六年の漢字をバアーってやって、ほんと大変そうでしたけど、でも、英語の読み書きもしっかりやってきてるうえで日本語やってると強いんだなと思いました。英語は抜けていかないし、英語で難しい本を読んでいる分、「日本語でも難しい本を読みたい」って思うようになったみたいで、その本を読むためにも日本語をいっぱい覚えていったし、そのあとで中学二年になってラップが好きになった時も、言葉をいっぱい羅列していくものだから、そのためにも難しい言葉はいっぱい覚えていきました。

（第一言語の基礎の力は第二言語を学ぶ時にも利用されると言われています。お兄さんの例は、まさにその例です。華恵さんによると、当時、中学生だったお兄さんは英検一級に合格したそうです。英語の得意なお兄さんと自分自身を比較して、華恵さんは、自分自身の言葉のバランスを考えていきます。）

作文コンクールと作家としてのスタート

（一方で、華恵さんは、小学校の頃、作文で数々の賞をとられました。そのきっかけは何だったのでしょうか。）

華恵　もともと書くのは好きで、人に何かを伝える手段と思っていたんです。というのは、日本に来てからずっと母と交換日記をやっていて。家に帰ると母がまだ仕事から帰っていなくって。でも、とにかく話すのが大好きなので、学校であったことをいっぱい書いて、だんだん、書いたことを母に読んでもらって、それで伝えるっていうのが楽しくなって。たとえ母が早く帰ってくるっていう日でも、帰ってきてから「今日、学校であったことは、あれに書いてあるから読んでね」って。「話すよりも書く方が面白い」って思い始めて。で、小学校の二年生の時に夏休みの自由研究で、何をやっていいのか分からなくて、ねぶた祭りを兄と祖父母と見に行ったことを本みたいにしようって思って、ちょっとズルですけど、私が日本語で書いて、兄が、英語で脇に書いて。あと私がとった写真とお兄ちゃんが絵を描いたのを合作にするというか、ちょっとした絵本みたいなのを作ったんです。それは今でも大切にしていて、すごく好きなんですけど。で、また翌年、「自由研究、何にしよう」ってなって。でも兄と一緒に作った絵本は、廊下に飾っていたら男の子たちのボールで壊れちゃったりして、「二度と作るもんか」って思ったし、工作は苦手なので、「作文かな」って。そしたら先生が「作文コンクールに出すんだったら、それを自由研究として認める」って言ったんで「じゃあ、作文にしよう」って思ったんです。

（華恵さんとお母さまとの「交換日記」は、華恵さんにとって、目的のある文脈で、相手を意識して書くという、個別化された学習メニューでした。意味のある文脈で言葉を使ってこそ、言葉の学習が進み、他者の反応や評価が動機に影響します。実際、賞をとった時は、どんな気持ちだったのでしょうか。）

華恵　びっくりしたんですけど、夏休みいっぱいを使って書いたものだったから、すごく嬉しかったです。あの作文はすぐに書いて出したものではなくて、「作文って、どういうふうに書いたらいいのかな」って、作文用紙の前で固まっていたら、母に、「話すようにまずは書いてみたら」って言われて、まずは「こんなことがあったんだよ」って、話すように書いてみたんです。それを母に見せてみたら、「何書いてんのか、さっぱり分かんない」って。「伝わるもんだ」って思って書いていたんで、そのあとで、「何言ってんのか、さっぱり分かんない」ってバッサリ切られたことが悲しくて、それで一生懸命書き直して。それで、また見せて、直してっていう繰り返しで。母が「こういう言葉づかいどう?」って言うことはなかったんですけど。何回もつっかえされたんで、最後はもうヘトヘトになりながら。最後は「これで、いっか。これなら分かるかな」って母も言ってくれたので、それで出したんですけど。「夏休み中をかければ、こういうふうになるんだ」って、嬉しかったですね。

(それは華恵さんが小学校三年生の時のこと。六歳で日本にやってきた時、日本語に苦労していたのに、日本語の作文で賞をとるほど成長されたわけです。そこで、日本語で書く自信がしっかりできたのかと尋ねると、答えは意外でした。)

華恵「自分の力ではないな」って思っていたので。直して直してっていうのの繰り返しだから、「最初に書いたものだったら絶対入んないな」って思っていたので。しかも母に指摘してもらったので。「自分の力があるんだ」っていうよりも、「何回も直していくとよくなっていくんだな」って、思いました。「それを何回やるか、いつまでやるかで、出来っていうのは違っていくのかな」って。

(まだ一〇代の華恵さんが「よい文章」はどのようにして生まれるか自ら語っていることに、私は感心しました。文章を推敲するのは大変な作業です。華恵さんをそこまで動かすのは何なのでしょう。）

華恵　もともと、本が好きで、本を読むのが好きだってことですね。あとは、初めて書く側になって、読んだ人からの手紙とかをもらうと、「知らない人と書いたものでつながるってすごいな」って。そういう場でも元気をもらったり。あと、書いたことで新しい人との出会いができるし、それでまた新たなことにチャレンジして、またそのことを書くと、また新たな出会いがあってっていう、人のつながりがあるので、それもすごく大きいです。

――そうすると将来的には作家というか、書くことを仕事にしたい？

華恵　書くことはやっていきたいです、ずっと。ただ、私は一つだけのことはやっていけない方なので、作家だけってていうのではなくて、作家をやりながら何かやる、むしろ何かをやりながら書いていくっていう、「半々くらいな感じでやりたいなあ」って思ってます。

自分の中の日本とアメリカ――国籍、そして「ハーフ」

（華恵さんは、将来、どこで活躍したいと思っていらっしゃるのでしょうか。）

華恵　絶対、日本ですね。今は、アメリカと日本、二つの国籍を持っていて、二十二歳になったら、どちらかを選ぶのだそうですが、私はやっぱり日本です。別にアメリカに住む必要性は感じないし、パスポート二つを見る時だけ、自分にはこの二つの国があるんだな、と思います。日本でずっと暮らしているので。普段アメリカのことはほとんど考えないし。自分は日本人って思っているし。

（アメリカは、アメリカで生まれた人はすべて「アメリカ人」とする生地主義の国です。華恵さんは著書で「アメリカの市民権をとることができるけど、保留にする」というようなことを書かれていました。その点を伺うと……）

華恵　普段は何かをやる場所っていうのは日本以外考えていないんですけど、改めて「国籍を選ぶ」となると、気持ちが違いますね。忘れていた存在が出てくるっていう感じで。アメリカで住む権利がなくなるっていうのは、別にそこに住むわけじゃないのになにか緊張するというか。「自分のいる場所がそこにはない」というのもあるかもしれないです。

兄が日本に来てからしばらくして「アメリカの方がよかった」って言ったり、問題が起きてアメリカに戻ったり、でもアメリカに行くと今度はやっぱり「日本がいい」って……。そういうのを繰り返していて、今はアメリカに一年くらいいるんですけど、そういう兄を見ていると、私も心のどこかでは、もしかしたら日本でイヤなことや、逃げ出したいことがあったらアメリカの父のところがあるっていうのが頭の隅にあったのかもしれないです。それがいよいよ「日本しかないぞ」ってなると、普段は日本しか考えてないけど、なんか覚悟というか、ちゃんとここでやっていかなきゃ、というのがありますね。

――よくダブルと言ったり、ハーフと言ったりしますけど。ご自身でどう思っていますか。

華恵　ハーフという言葉が嫌いだといいながら私はよく自分のことをハーフっていうんですけど。半分半分っていうのは私の中では、「いい方に転ぶか悪い方に転ぶかわからない」って思っているんです。兄のように教育のタイミングがよければ、いい方に向かうと思うし、あと、新しい言語にガラッと切り替えるんじゃなくて、最初の言語を忘れないで新しい言語を学ぶっていうふうになれば、両方話せてそれこそダブルになるって思うんです。でも私は英語を話すのが得意じゃないし、外国人に話しかけられても、「あああ、えっと、um」っていうことが多くなっちゃうんです。ダブルじゃないから、ダブルになりたいっていうコンプレックス、憧れみたいなものがあります。今のままだと、ほんとにハーフの状態だなって思いますね。ちょっと危機感っていうのは感じてます。

見た目が外人だからということで、周りから「英語が話せて当然」と思われがちだし、自分でも、もっと英語ができて当然なんじゃないかと思います。

——周りからそういうふうに言われて、「もっと自分の英語力を高めたい」って?

華恵　思いますね。「原書でちゃんと読みたい」ってすごく思うので。今、音楽の勉強をやっていて、大学に入ると原書を読むっていう授業もあるみたいなんですけど、「そのために今からもっともっと読む方に力を入れたい」と思っています。それと同時に英語だけじゃなくて、いずれ「フランス語とかイタリア語とか楽譜に出てくる国のことばができるようになりたい」とも思います。

——これからますますいろんな可能性がありますので、頑張ってください。

（インタビュー実施日：二〇〇九年三月一〇日）

インタビューを終えて

華恵さんの本を紹介してくれたのは、私の研究室の大学院生でした。私が最初に読んだ華恵さんの本は『小学生日記』でした。その本を読んで、私は軽いショックを受けました。「移動する子ども」である小学生が、日本語を学ぶ様子や「移動」にともなう心情を具体的に、生き生きと描写していたからです。輝かしい賞を連続して取るほど、若い才能にあふれた文章に、私はすっかり魅了されました。

インタビューで華恵さんのお話を聞いていると、華恵さんの著書の中に描かれた情景や心情と符合するところが多く、大変興味深く感じました。その中で印象深かったのは、アメリカから日本にやってきたばかりの華恵さんが日本語を覚えようとしているところです。英語を「封印」し、状況や相手の様子から日本語の意味を探ろうとする様子は、異なる言葉の世界に「移動」した子どもたちによく見られる様子です（本書の第四章、白倉キッサダーさんのお話にも同様の様子が見られます）。

また華恵さんの「言葉の力」の基礎の部分は、アメリカ滞在中の幼少期に、英語の絵本をたくさん読んでいた経験によって培われたことも感じられました。それは英語による「学び」だったのでしょうが、それが日本語を習得したり、また日本語で「書く」時にも、基礎の力として生きているように思われます。第二言語習得の理論でも、第一言語によって育成された「言語能力の基底部分」が第二言語を習得する時の基礎力となって応用されていくという説があります。華恵さんの場合、英語と日本語のどちらが第一言語か第二言語かということは別にして、幼少期の絵本の読書量が華恵さんの「言葉の力」に影響していることは確かなようです。

そのようにして英語を習得した華恵さんですが、日本で生活をするうちに自身の英語力に対する見方が変化していきます。日本の学校で英語を学び始めた時に感じた「混乱」や「自信のなさ」は、「帰国生」を含む「移動する子ども」なら誰もが思い当たることなのではないでしょうか。学校などで行われるテストで本当の力は分かるのだろうかと華恵さんは述べておられますが、それは正鵠を射ている指摘です。テストの結果は、その人が持っている「言葉の力」をすべて表しているわけではありません。

華恵さんは、ご自身の英語力について、英語のテストの結果だけではなく、「華恵って、英語やんなきゃダメなの？」という友だちの言葉や、お兄さんとご自身の英語力と日本語力の差について考えたりすることから、「言葉」について思いを深めておられます。そんな中で、ご自身の英語力を「中途半端で安っぽい」と言われます。「移動する子ども」が自分の言葉の力についてどう考えるか（つまり、言語能力観）は、自分の周りの人の考え方や社会的な関係から影響を受け、形成されていきます。このことは、一方で、他者や社会との関係の中でしか人は自分の力を捉えられないということを意味しているとも言えるでしょう。

インタビューが終わってから、文章をどうやって推敲しているのかを華恵さんにお聞きしました。すると、小学校時代のことを次のように説明してくださいました。

「最初はやっていなかったことなんですけど、徐々に原稿用紙に書く量が多くなってきて、それで、母に文章をパソコンに打ち込んでもらって、それを切り取り、貼り付けしながら遊んでいたんですね。それでこれを前に持ってくるとこうじゃん、とか面白いって。それで構成って面白いなあって思いました。あとは書く前に、ノートに予め何を書くのかっていうのを図に描いたりして。」

最後に、「ハーフ」について華恵さんは、「特徴があった方がいいんだって思うようになって、それ以来、これをできるだけ活かせる方法はないかなって思うようになりました」と、ご自身の生い立ちを積極的に捉える意見も述べておられました。これからどのように成長して、社会の中で活躍されるのか、本当に楽しみです。華恵さん、ありがとうございました。

移動する子ども ④

長野に着いたとき、「タイ語、禁止」と言われた
白倉キッサダー（社会人野球選手）

しらくらきっさだー　タイ北部で生まれる。小学校五年の時に来日。小学校の時に野球を始める。高校、大学で投手として活躍する。二〇〇七年「東都大学春季リーグ」で最優秀防御率のタイトルをとる。二〇〇六年、タイ王国の野球のナショナルチームにエース投手として参加、二〇〇七年には北京五輪の野球アジア予選でタイの野球チームの勝利に貢献する。二〇〇九年より、ホンダ鈴鹿硬式野球部に所属し、社会人野球の投手として活躍中。

タイ生まれの「移動する子ども」として来日し、野球選手として成長した白倉キッサダー投手に会うために、私は三重県鈴鹿市を訪ねました。キッサダー投手は、有名な鈴鹿サーキットのそばにあるホンダ鈴鹿硬式野球部の寮に住んでいると聞いたからです。その寮は、玄関ホールも広く、近代的な建物でした。

人懐っこい笑顔で現れたキッサダー投手は、身長が一七五センチと、ピッチャーとしてはそれほど大柄な選手ではありませんでした。しかし、実際にお話を聞いたり、投球フォームを見せてもらったりすると、さすがに社会人野球の投手としてスカウトされるだけあるなあと思いました。

日本語をほとんど知らないまま来日し、野球選手として活躍しているキッサダー投手は、どのようにして、こんなに立派な投手になったのでしょうか。そんな話を聞きたいと思いました。

タイで生まれて、日本にやって来ました。

——お生まれは?

白倉 タイです。タイで生まれて、タイで育ってて。そうですね、タイにおばさん、おばあちゃんといたんですけれど、母と父はもうこっち(日本)にいて、「じゃあ、一緒に行こうか」みたいな。で、こっちに来た。

——日本には、何歳ぐらいの時にいらっしゃったんですか。

白倉 僕は小学校五年生です。一〇歳か一一歳の時ですね。

(キッサダー少年は、タイ北部の古都、チェンマイの近くで生まれました。その後、首都バンコクでも暮らすなど、タイ国内を転々としながら、現地の学校に通い、成長します。日本人のお父さまとタイ人のお母さまが日本に行ったため、キッサダー少年はチェンマイの祖母に預けられました。親が日本に行き、生活ができるようになるまで子どもが祖国に残るという生活戦略はよくあります。キッサダー少年は、その頃タイで、どのような言葉を話していたのでしょうか。)

白倉 タイ語です。

——それはもう、生まれた時からずっとタイ語?

白倉 もうずっと、はい。

旅行用の本で日本語を覚える！

（タイの小学校に通っていたキッサダー少年は、両親がいる長野県に住むようになりました。日本の小学校の五年生に編入した時、キッサダー少年は、日本語を理解することができたのでしょうか。）

白倉　分からなかったですね。えーと、先生とはなんか本があって、なんか旅行用の本みたいのがあって、母に渡されて、あ、父にも渡されて、それでなんか先生とやりとりしたり。その後、日本語とタイ語が書いてある、なんか辞書とはまたちょっと違うんですけど、それを渡されて先生とそれで日本語を勉強しました。

——教室で普通に五年生の授業があるでしょ？　それとは違うところという意味ですか？

白倉　いや、もう一緒に（教室に）入って、なんと言うんですかね、みんなはたぶん違うことをやってるんですけど、自分も違うことをやってるっていうか。

（クラスの先生は一人なので、教室の中でキッサダーさんへの個別指導の時間は少ないのでは？）

白倉　そうですね、先生、たぶん、そん時は、先生がみんなになんか問題を与えてて、みんながやっている間に自分のところに来て。あとは、なんかもう最初からプリントを与えられて、それをずっと一人でやってるとか。あとは、先生、ちょくちょく見に来たりして。そんな感じですね。

（つまり、複式学級です。現在も、このような方式で対応している学校は全国にたくさんあります。では、友だちとはどのようにコミュニケーションをとっていたのでしょうか。）

白倉　いや、もうみんな話しかけて来てくれるんですけど、もう何言ってるのか分からない。ずっと「うん」「うん」って言ってました、もう。

――クラスの中で友だちになるというのは難しくありませんか？　言葉ができないので。

白倉　難しい。もう最初はついていくしかないと思って。もう何しゃべってんのかなとか、もうずっと見て。それだけですよね。

――「どうやって覚えよう」なんて、考えました？

白倉　いや、全く考えてなかったです。そういうなんか、どうやって覚えようとか考えてなくて。その時、もう一人マレーシア人、いたんですよ。その子はあの、小三の時に来て、自分と違うクラスだったんですけど。で、母に、あの、その子は三か月で覚えた、三か月半で覚えたと言われて、「あなたも三か月で覚えなさい」と。で、なんかそれで「覚えられたら何か買ってあげる」って言われて、それでなんか頑張って。別にそんなどうやって覚えようとかじゃなくて、とにかくもう、こう頑張って覚えて、みたいな。

――タイにいた時に日本語の勉強は？

白倉　来る一か月前ぐらいか、日本語教室みたいな、ちょっと通ってました。

――その時は何を勉強していましたか？

白倉　もう「あ、い、う、え、お」とか、そんな感じですね。

――最初、日本語を見た時、どんな印象を受けましたか？

白倉　いや、「難しいな」と思いました。漢字もあるし、ひらがな、カタカナも、なんかタイ（語）とは違うんで。タイ（語）はまたどっちかというと英語みたいな感じなんで。こうa、b、cと、そんな感じですね。

家では「タイ語、禁止」。でも、野球が親子のコミュニケーション

――勉強は好きな方、嫌いな方？

白倉　いや、嫌いです（笑）。勉強は嫌い。勉強という勉強は嫌いで、自分の好きな、なんて言うんですかね、こう自分から覚えようってものは好きだったんですけど。

――日本語を勉強するのは。

白倉　そん時は楽しかったっすね、覚えるのが。「こんな単語があるんだ」みたいな。

（では、家庭ではどのように日本語を勉強したのでしょうか。）

白倉　えーと、うちは父とやりとりする時もその（旅行用の）本で「これ、これ」って言って。で、そん時、「タイ語一切禁止」で、一応。本当に分からない時はもう母にタイ語で聞いて、で、「日本語、こうだよ」って言って、日本語でしゃべってて。そんな感じでした。

（やがて、キッサダー少年は、村のスポーツ少年団に入り、初めて野球と出会います。）

白倉 そうですね。野球を見るのも初めてだし、やるのも初めてだったんで。で、「面白いな」と思って。それ、ずっと続けて今まで。

——どういうところが面白いんですかね？

白倉 投げることが好きでしたね、そん時は。父とよくキャッチボールしてましたね。

——お父さまは野球を一緒に練習してくれたんですか？

白倉 はい、そうです。休みの日は。キャッチボールしてくれて。

（お父さまとはじめはただ「遊んでいるだけ」だった野球がだんだん楽しくなってきて、キッサダー少年は中学に入ってから、野球部に入り、野球を続けることにします。）

野球と日本語の勉強の仕方

（野球をやったことで、日本語がうまくなったのでしょうか。）

白倉 そうですね、自然に。野球をやっていたからではないと思うんですけれども、そういう、人と接する機会が多くなったから、自然に日本語が覚えられたというか。その、勉強じゃなくて、こう、本当に自分から聞いて、で、自分から意味、「今、何の意味なの」みたいな、自分から聞いて「ああ、そういうことなんだ」と。で、そういうやりとりが多くなって、自然に覚えたというか。

——五年生で来て、少しずつ日本語が分かってきて、で、授業の内容が「ああ、こういうことやってるんだな」と分かったのは、だいたいいつぐらいですか？

白倉　やっぱり六年生になってからですかね。それまでは全く何を言ってるのか分からない。

――日本に来て、だいたい一年経って六年生になった頃に、クラスで何やっているか、だいたい分かってきた。そんな感じですか？

白倉　そうですね。ほんのちょっとですけどね。難しかったです、本当に。

――で、中学校へ行くとまた難しくなりますね。

白倉　うーん、難しかったですね。もう日本語（国語）っていう授業があるじゃないですか。あれが一番嫌いで、全く分からなかったです。

――他の科目はどうですか？

白倉　数学はまだあれじゃないですか、こう計算で。それだったらまだ分かったんですけど。日本語で、その文章のなんかこれはどこを指してるのとか、何を言ってるのかとか、そういうのが多くて。そういうの、嫌いでしたね。分からなかったです。

ピッチャーとして成長して――中学校から高校へ

（キッサダー少年は、中学校の野球部でピッチャーを任されるようになりました。そして野球の強い私立上田西高校へ進学します。高校の野球部はどうだったのでしょうか？）

白倉　違いますね、またレベルが上がって。

――でも、その時も、またピッチャーやろうと思ったんですか？

白倉　そうですね、もうずっとピッチャーでやってたんで。

――そこの野球部が有名だってことは、かなり人数多いんじゃないですか？

白倉　えー、一〇〇人ぐらいいいました。

――そこでピッチャーやるのも、ポジションを取るっていうのも、大変じゃありません？

白倉　そうっすね。ピッチャーたくさんいました。

――身長はどれくらいあるんですか？

長野で野球少年だったころ

白倉　今は一七五ですね。

――その頃は？

白倉　あんまり変わってないですね。

――一七五よりももっと大きいピッチャーもいるんですか？

白倉　います、います。一八〇とか。全然。

――結構いい球、投げる？

白倉　そうっすね。

――そこでピッチャーのポジションを取るっていうのは難しいでしょうね。

白倉　難しいですね、はい。

――高校では、どの辺まで行ったんですか？

白倉　えーと、僕が高校二年の時に県の決勝まで行って。で、三年の時はベスト4で負けました。いいとこまで行きました。

――やっぱり達成感ありました？

白倉　そうですね。そん時は、本当に野球が終わった時に、なんか感じたのは、やっぱ、一人じゃ野球はやっていけないなと思いました。やっぱり仲間がいるからこうやっていけたわけで、本当にみんながいなかったら、自分もここまで日本語を、って言うんですかね、道が逸れちゃったんですけど、話の。日本語、全然覚えられなかったし、本当みんながいたから、いろんなことを教えてもらったというか。

――野球やりながら言葉も教えてくれるんですか？

白倉　そうですね、本当に分からないことはもう聞いたりして。で、普通に教えてくれました。本当、分からない言葉が多かったですね。野球に関しては分かったんですけど。またその他のことで分からない言葉が多くて、「何言ってるんだよ」みたいになって。また自分が、違うことやってしまったり。そういうのが多かったすね。

タイのナショナルチームから招聘される！

（キッサダー投手は、高校三年生の時に、タイのナショナルチームから誘いがきます。タイのナショナルチームにいた日本人のコーチからの要請だったそうです。タイに帰国して、タイ語はうまく話せたのでしょうか。）

白倉　えーとですね、僕が、高校三年の時に野球が終わってからの一二月ぐらいですかね、タイのナショナルチームに選ばれまして。で、そん時に久しぶりにタイに帰ったんですよ。そしたら全くタイ語が出てこなくなったんですよ。もう本当に全然全くしゃべってなかったんです。自分の名前の自己紹介ぐらいしか知らなくて。あとは全く（タイ語が）出てこなくて。それで、高校三年生の時、大学一年生の時、二年、三年と毎年の冬にタイ代表で（野球の）大会があったんで、行かしてもらったんですけど、ずっと。それで向こう（タイ）の友だちに、その代表になった友だちにタイ語を教えてもらって。で、思い出して、やっと「ああ、こんな言葉もあったな」と。で、思い出しつつ、やっと話せるようになったというか。今だったら、もう普通に生活の言葉、あの、会話だったらできますね、タイ語で。

（日本の生活では日本語ばかり使っていたキッサダー投手。お母さまと話す時も日本語だったため、タイ語を話す機会はほとんどなかったそうです。）

タイのナショナルチームに参加して

――タイのチームに入ってどんな印象を受けました？

白倉　いや、もう弱いですね（笑）。本当にまだ野球は発足して一〇、二〇年経ってないんです。全く力も入ってなくて。そうっすね、タイの政府も全然、野球には縁が遠いっちゅうか。

——そうすると、教えてあげるんですか？

白倉 そうですね、自分が知ってることを教えてあげたり。

——その時はタイ語で言うわけですか。

白倉 そうですね。やっぱり向こうの野球の覚え方だと英語で覚えるのが主流で。やっぱり英語、日本でも英語、使ってるじゃないですか、野球の中でも。だから、知ってる言葉を教えてあげたりして。

——そうすると、タイ語と英語を混ぜながらという意味ですか？

白倉 そうですね。話せる範囲で教えてあげて。

——話していたら、戻ってくるわけですか？　タイ語が。

白倉 そうですね。戻ってきます。

——今ではもう普通に会話はできる？

白倉 はい、会話はできます。聞けることは聞ける、全部、聞ける。

——タイのチームで野球をやると楽しいですか？

白倉 楽しいですね。やっぱりなんと言うんですかね。海外、違う国のチームと対戦ができるんで。

——タイのチームに入って、どこと試合をしたことがあるんですか？

白倉 キューバとか、オーストラリア、日本もありますし。フィリピン、インドネシア、香港、ベネズエラ、韓国、台湾。結構いろんな、はい。

――そうすると、今、WBCやってますでしょ？　その予選みたいなことですか？

白倉　いや、アジア・ランキングってあって、たぶん上位四チームが今やってるんすよ。自分たち、今五位なんすよ。フィリピンに、何年前ですかね、もうずっと勝てなかったみたいで、三年前、フィリピンに何年ぶりかに、勝って、ランキングがたぶん一つ上がって。

――次の機会が楽しみですね。

白倉　まだ全然、まだ全然、そんな。タイの中でも野球人口も二〇〇人いるかいないかなんですよ、聞いた話だと。タイ全国でそれしかいないんで。やっぱ、全然、本当に野球、知ってる人が少ないんですよね。すみません、話が逸れて。

――弱いチームっておっしゃったけども、その弱いチームでもタイのナショナルチームに、一員として参加するというのは嬉しいことですね。

白倉　そうですね、本当に。自分の国がまさか野球やってると思わなかったので。なんとかして、こう自分の力で野球を広げたいなという目標が出てきて。それをやってて楽しかったですね。

大学の野球部で学んだこと

（キッサダー選手は高校を卒業してから、高校の野球部の監督の推薦を受けて亜細亜大学に入学し、野球部の寮に住むようになります。そこで感じたことは？）

白倉　その前に寮生活したことなくて、もう最初本当にホームシックじゃないんですけど、嫌だったんですね。

――寮に入ると、全国から来る友だち、学生たちと一緒になるでしょ？　その時、日本語で話してて何か変だなと思ったことありますか？

白倉　やっぱり一番感じたのが、地方によって考え方というか、気持ちの伝わり方が違うなと思って。関西人ってどっちかというと、きついじゃないですか。向こうにとってはなんか冗談で言ってるかもしんないんですけど、こっちから聞こえたら、なんか本気で言ってるのかな、みたいな。自分、最初もう、そんな感じでやっぱり関西人とかそっち系の人と接したのが初めてだったんで、「わあ」みたいな。「無理だ」と思って（笑）。最初、そんなんだったんですけど、でも、やっぱり何年かいると分かってきますね。

（大学の野球部の練習はどうだったのでしょうか。）

白倉　いや、最初は本当に全然ついていけなくて。

――そうすると、どんなふうにすれば強くなるんですか？

白倉　もう練習、やるしかないと思いました。練習して、うまくなるしかないなと思って。

――プロでピッチャーいっぱいいますけども、そういうのを見て研究したりもするんですか？

白倉　しますね。やっぱり松坂投手は松坂投手その人にしかできないフォームなんです、あれはやっぱり。やっぱり自分に合った、自分の体でできるフォームを探さないとあれなんで、やっぱりその体の使い方とか、誰がうまいとか。分解写真ってあるじゃないですか。あれを見ながら。寮に置いてあったんで。見て、「ああ、こういうとこがいいな」とか。

――大学の野球部で、ほかに勉強したり、監督が教えてくれたりしたこと、ありますか。

白倉　自分たち、日記を書いてたんですよ、毎日。日記を書いてたんで、監督の意図としては、こう、大学に来て野球やってるだけじゃ駄目なんで、これから社会に出ていくに困らないように文章、本当に毎日何でもいいんで、自分の感じたこと、野球のこと、生活のこと、何でも一日一ページ、日記を本当に毎日書いてたんですよ。

――白倉さんの場合は自分の考えたことをどれぐらい書いたんですか？

白倉　一ページ。最初は、みんな何行かだったんですけど、「じゃあ、チームで、みんなで一ページ書こうよ」となって、何でもいいから、とにかく埋めるだけ埋めて。本当に最初それができなくて。自分、書くのが下手くそなんですよ、本当に。で、文章にもなってないし。話すことも全然。話せることは話せるんですけど、うまく文章にまとめられないっていうか、もうそれはもう昔からで、中学、高校と。「どうしよう」みたいな。本当に困りましたね、かなり。でも、書いていくうちに、こう見返したら、「あ、自分、文章になってきてるな」と。ほんのちょっとずつなんですけど、本当に下手くそな文章なんですけど、でも、やっと文章になってきてるなというのは感じますね。で、月に一回読書感想文を、本を一冊、読んで。

――野球部で？

白倉　はい、そうです。みんなで。

――監督が「この本を読みましょう」と言うんですか？

白倉　本は自分の好きな。自分の感想文を原稿用紙、何枚でもいいから書いて。

――どんな本を読まれたんですか？

白倉　自分、小説が多かったですかね。

――一ヶ月に一回は必ず一冊読むんですか？

白倉　そうですね。

――それを四年間ですか？

白倉　四年間。

――それはあなたにとって役に立ちました？

白倉　立ちましたね、はい。そういう文章は本当に書けたり、字もやっぱりうまい下手ってあるじゃないですか。うまい人のを見てこう真似したり。今、まだ、本当に字、下手くそなんですけど。

――それは中学校、高校、もちろん小学校も含めて、いろんな勉強をされたと思うんですけど、その時とまた違うんですかね。

白倉　また違いますね。

――何が違うんでしょうね。

白倉　何ですかね。やっぱり嫌なことをやらされたというか、それはみんなは「うわ、面倒くさい」

とか「嫌だな」とか思ったんですけど、でも、本当に自分のためになることっていうか、だいたい今、嫌なことはみんな逃げるじゃないですか、本当に。まあ、確かに自分もやってる時は「うわ、面倒くさいな」とか、本当にありましたよ。だけど、こう書いていたらふと「ああ、ちょっと文章うまくなってるな」とか「今日、なんかいい日記じゃん」みたいな、そういう自己満足できる時もあるという。

自分の中にある言葉って日本語とタイ語は

——今、ご自身の中で一番中心にある言葉っていうのはタイ語なんですか、それとも、日本語なんですか。

白倉 日本語ですね。やっぱりタイに帰った時に、自分がタイ語を話せるつもりでも、たぶん日本語がバーっと出たり。そういう無意識の中に出てくることが結構多かったですね。びっくりしました。電話で友だちと話してもタイ語で話してるのに日本語でずっとしゃべってて友だち「えっ?」ってなって。そういうのが二、三回ありますね。

——そうすると、今、ご自身で考えると、タイ語っていうのはどれぐらいのレベルなんでしょうね。レベルって難しいけれども。

白倉 どのくらいのレベルなんですかね。そう、レベルに例えたら、小学生、中学生すかね、まだ。

——タイの小学生、中学生ぐらいの感じかな、と。

白倉　そうすね。

――高校生や大人が話すタイ語とはちょっと違う？

白倉　たぶん違うと思いますね。

――日本語の方はどうですか？日本語は自分で自己評価すると。

白倉　自己評価するとまあ普通に、普通、うまい方というか、普通ですね。まだ本当に分からない日本語なんていっぱいあるんですよ。自分、ことわざとかも、そんなん知ってるわけでもないし。分からないこと、多いすね。本当に私生活だったらまあ困らないかな、というぐらいですね。

子どもたちへのメッセージ

（最後に、日本にいる海外につながる子どもたちにメッセージをお願いしました。）

白倉　そうですね。やっぱり外国人っていう概念というんですかね。やっぱり周りの日本人から見られると「あ、あいつは外人だ」みたいな。こう見られてやっぱり面白くないんですよね。自分もそうだったんですけど。「みんな、ウワー、なんか変な目で見てる」みたいな、あるんですけど、それを気にせずに自分がやりたいことを早く見つけてそれを何か目標にして向かっていけば、って言いたいですね。やっぱり気にしてしまうと自分自身がこう自分らしくなくなってしまうのがあるんで。やっぱり一本みんなと引いてしまうとこがたぶん絶対あると思うんすよ、自分も時々あるんですけど。その「タイで育ってきて、タイでこうだったから日本に来て違うじゃん」みたいな。そういうのがあって、「ああ、どうしよう」みたいな。でも、入っていくしかないんで。そこがうまく入ってて、やっぱり自分なりにうまくやっていくのが一番ですかね。

――タイ語については、どう思いますか。

白倉　やっぱりあとから母に言われたんですけど、「やっぱり自分の母国（の言葉）だからちょっとでも覚えておきなさい」みたいな。もしもタイに帰った時に、やっぱり向こうにも親戚もいるし、いろんな人がいるから、その人たちとも仲良くしなきゃいけないし。まあ、帰った時に困らないというか。自分がどっちにいても困らないふうにやればいいんじゃない、っていう。

――キッサダーさんの場合は、名前を変えようなんて思ったことありました？

白倉　ないっす。全くないです。

――それはどういうことですか？

白倉　やっぱり親がくれた名前だし。

――名前がカタカナだから、さっき言われたように、「あ、外人だ」とか、そういうの感じる時って、ありました？

白倉　そん時はありましたね。でも、だんだん慣れじゃないですけど、「外人だからなんだ」みたいな。なってきました、今は。普通に。まあ、病院とかいろんなとこに行って名前呼ばれる時は一瞬ピクッとするんですけど。そん時はもうなんかみんなに「へえ、外人なんだ」みたいな。「ああ、そうだよ」みたいな。今になってはもう全然そんな変なあれはないですけどね。

（インタビュー実施日：二〇〇九年三月五日）

インタビューを終えて

キッサダー選手のお話から、一〇歳ほどまで日本語以外の言葉を使って成長した子どもが日本の学校に入ってどのように日本語を習得しているのか、読者のみなさんもお分かりになったのではないでしょうか。キッサダー選手の場合、来日したのは一九九〇年代の中ごろでした。周りに「外国人児童」が少なかったのでしょう。在籍クラスの中で、「旅行用の本」を使って、単語を覚えていくという方法でした。また、家庭では「タイ語、禁止」でした。

そのようなキッサダー選手が日本語を覚えた環境は、野球でした。野球を通じて、周りの人とコミュニケーションをしていった様子が分かります。ここでも、社会的な文脈や関係の中で人は言葉を学ぶのだということがいえます。

また、そのように日本語を習得していたキッサダー選手が、タイのナショナルチームに加入したことによって、タイ語を「思い出して」いく点も、興味深いです。たとえ日本でタイ語が「禁止」されても、一〇歳までに育成されたタイ語の言語能力は、消えていなかったということでもあると思います。

一方、キッサダー選手は大学に進学してから、さらに日本語に磨きをかけていきます。そのきっかけは、野球部での日記と読書感想文でした。大学生の時に毎日、大学ノートに書き続けたということが、日本語の力を上げることにも、そして自信にもなったように見えます。その「勉強」は、それまで学校でやってきた「勉強」とは違うとはっきり述べていたことは、学習者がいかに主体的に言葉を学ぶことが重要であるかを示しているように思いました。

最後に聞いた「日本語能力とタイ語能力についての自己評価」も、示唆的でした。一人の人間の中にも、さまざまな「言葉の力」があり、それを場所や相手に応じて、さまざまに駆使してコミュニケーションを図っていくことが人間の姿であり、それは個に応じて異なることであることも、キッサダー選手のお話から私は教えていただいた気がしました。

今度は、キッサダー選手が登板する試合を見に行こうかなあと思いながら、私は鈴鹿市を後にしました。

彬斗さん（左）と一真さん

移動する子ども56

ブラジルで日本舞踊、和太鼓、三味線、歌を習っていた

響彬斗・響一真

（大衆演劇一座・座長、役者）

ひびきあきと・ひびきかずま 兄の彬斗さんは北海道・旭川市生まれ。弟の一真さんはサンパウロ生まれ。日系三世の二人はブラジルで育つ。

大衆演劇一座、「響ファミリー」の座長、役者として、日本各地で公演活動を展開、大衆演劇ファンを魅了している。

日本人がブラジルへ移住した「ブラジル移民一〇〇周年」の二〇〇八年に、ブラジルで凱旋公演を行い、日系人の熱烈な反響を受ける。現在、響悠嘉（ひびき・ゆか）さんを加えた一座は、日本および海外で活躍中。

私が響兄弟を知ったのは、朝日新聞の「ひと」の欄にその活躍が紹介されたからでした（二〇〇八年一二月三〇日付朝刊）。その記事は「大衆演劇で活躍する日系ブラジル三世の兄弟」というタイトルで、お二人を紹介していました。一読して、お二人が「移動する子ども」であると直感した私は、ぜひお話をお聞きしたいと手紙を書き、インタビューが実現したのです。

インタビューは、都内にある響ファミリーのプロモーション事務所で行われました。両親をブラジルに残し、日本を拠点に世界中で活動を展開するお二人。花魁姿や着物姿の写真は実に美しく、目が引き付けられます。

お会いした時は、お化粧もなく、素顔でインタビューに答えてくださいました。これからの夢を語る、若々しいお二人のメッセージが、日本に三〇万人いるという日系ブラジル人の方々や子どもたちにも届いてくれたらなあと思いました。

子どもの頃のブラジルの生活

（響兄弟のお父さまは日系二世で、日本人のお母さまと結婚され、北海道で兄の彬斗さんが誕生しました。その後、一家はブラジルへ渡ります。彬斗さんが二歳の時でした。どんなところに住んでいたのでしょうか）

――そこは日系の方がたくさんいるところ、コロニア（コーヒー農場などで働く日系移民の居住地）ですか。

彬斗　四歳まで住んでいた所は、コロニアではなくてですね、本当ブラジル人ばっかり、ブラジル人しかいないって言ってもいいくらいのところで、本当に山奥で、もう山を駆けずり回ってましたね。

（小さい時は、どんなお子さんだったのでしょうか。）

彬斗　うちの母が言うにはですね、昔からその、日本にいた頃から、盆踊りが好きだった、まあ二歳くらいなんですけど、太鼓の音を聞くとうちの姉の手を引いてその太鼓の鳴る所まで行って踊ってたらしいんですね。

子どもの頃は、どんな言葉を使っていたのか

（彬斗さんは、五歳の頃から、現地の日本人の方から日本舞踊を習い始めます。では、その頃、どんな言葉を使っていたのでしょうか）

彬斗　全部日本語ですね、はい。「ちーん、とーん、しゃーん」っていう、そういう形ですね。「ちりつん、ちりつん、とんてん、ちんちん」という本当にもう、日本舞踊というのを習わせていただきました。結局その、うちのお店に来るお客さんも、日本人しか来なかったんですね、ブラジル人っていうブラジル人はほとんど来なくて。

（「お店」というのは、家族が経営していた喫茶店、「喜怒哀楽」のことです。現在も、営業中だそうです）

彬斗　ただ、学校を通う中で、その、幼稚園もそうですし、小学校、中学校、高校と、そういったところでは、全部ポルトガル語で、外出ると「Ｏｌａ！」（オラー！）とかって、全部ポルトガル語で話してました。

で、自分は、日本語の方がやっぱり楽なので、小さい頃から日本語だったというのがありますね。今はちょっと、ポルトガル語に不自由はしてますけれども。そういった感じでいろいろ習わせていただいて、で、こっち（日本）に来たっていう感じですね。

（では、弟の一真さんはどんなきっかけで踊りを始めたのでしょう。）

一真　はい。あのー、なんか、（踊りを）始めたきっかけは全然覚えてないんですけれど、なんか、あのー、お兄ちゃんがお稽古行くじゃないですか。そしたら、お母さんに連れて行かれるから僕も一緒に付いていってたらそのまま入っちゃったという。

彬斗　今と変わらないじゃん、あはは（笑）。

子どもの頃、日本や日本文化についてどんな気持ちを持っていたのか

（お二人の踊りを見た周りの反応は、どうだったのでしょうか。）

彬斗　自分たち（が）舞台（に）出るたびに応援してくれるコロニアのおじいちゃん、おばあちゃんにもすごく可愛がられてですね、やっぱりその当時、男の子で日本舞踊をやるという（のは）、なかったに近いので、それもこんなちっちゃい、じゃないですか。

で、新聞に載せていただいて、もうその頃からサンパウロ新聞、日系新聞なんかいろいろ出していただいたりしてですね、はい、そういった感じの中からこう一番感じるのが、やっぱり、日本の文化を残していくみたいな、そういった何かを残していきたいというか、そういった形を望まれていたのかな、と。今思うと、そう感じますけれども。

（その頃、日本について、どんなイメージを持っていたのでしょうか。）

彬斗　その当時は、日本はすごいところだと。ブラジルのビデオ屋さんがあるんですけども、日本のテレビの番組を録画して向こうに送って、コピーして、全部レンタルするみたいな。それを毎日、見てました。でもブラジルの番組は見なかったんです。そこで見てたのは（日本の）アニメと時代劇。ドラマ見てもなんかつまんないなと。チャンバラが好きでしたね、「この紋所が目に入らぬか」と水戸黄門が出てきたりとか。そういうのがすごい好きで、いつも見てました。

ブラジルではポルトガル語と日本語を使って

（学校ではポルトガル語で授業が行われていますが、学校で問題はなかったのでしょうか。）

彬斗　勉強の方でいろいろと（問題が）出てたみたいですね。数学、英語、絵を描いたりとか、そういったことは、理科とかも、すごい得意だったんですけども。国語（ポルトガル語）と、歴史、ブラジルの、あと、社会がどうしてもですね、言葉（ポルトガル語）が。普通に他の子に比べたら本当、成績がよくなくてですね。学校の先生から家でも日本語を使ってるんだったら、ブラジルの国の言葉を、ポルトガル語を使いなさい（って、言われた）。

で、言われて、うちの母にそれを言ったら、（すると、母は）「駄目だ」と（笑）。「うちは日本だ」と。「うちへ入ったら日本だから日本語を使いなさい」と。

（お母さまがそうおっしゃったのは、なぜでしょうか。）

彬斗　周りの日系人の方もそうなんですけども、ポルトガル語はしゃべるけど、日本語はしゃべれない。言ってることはなんとなく理解できても、口から返す言葉はポルトガル語なんですね、日系人二世も、三世も、四世も。

（つまり、日本語を忘れないように、ということですね。）

彬斗　それを考えると、（家庭で日本語を使うのは）「スゴイいいのかな」というのは、スゴイ今あるんですけども。その時はちょっとそういう（ポルトガル語による）勉強は嫌になるくらい、というのはありました。まあ、友だちと（ポルトガル語で）こう話してる中でもですね、僕も適当な人間なので、理解してなくても「うん、うん、うん」と言って（笑）、そういうのがあったりして。

後でよく考えれば「あれ、何、言ってたんだろうな」とか思ったり。「あれ、この（ポルトガル語の）言葉、知らないぞ」とか。「あの言葉、知らないの」って、大きくなって、こう、（ポルトガル語で）免許を取る、車の免許を取るとか、そういう試験を受ける時になってから、「あれー、僕、勉強してきてないなぁ」みたいな。そういう感覚がスゴイあったりはしましたね。まあ、ただ単に自分が勉強すればよかっただけのことだと思うんですけども、遊ぶ方が大事だったので。はい。

（弟の一真さんは、学校でうまくポルトガル語を使っていたのでしょうか。）

一真　あの、使ってたんですけれども、よく使ってたのがゲームの話とかで（笑）。そういう、友だちが決まってたんで、あんまり、他の友だちと深入りはしなかった、と。で、決まってた友だちと一緒に遊んだり、ずっとしてて。話すことはだいたい決まってるんで、だから、難しい（ポルトガル語の）言葉とかは全然分かんないです。

ブラジルで日本舞踊を習っていたころ
（彬斗さん（左）と一真さん）

ブラジルで日本語を学ぶ環境は

（お二人は、ブラジルにいる時、日本語の方がポルトガル語より得意だったそうです。では、家族と話したり踊りのお稽古以外で、日本語を勉強する機会はあったのでしょうか。）

彬斗　自分は一年だけ日本語学校に行きましたね。

――それはどんな学校ですか。

彬斗　昔行ってた幼稚園の二階で、（日本語を）教えてたので、小学一年の頃から二年の間ですね。で、その、二年生の時に日本に来たんですよ、一回。弟の国籍を取りに。なので、そこでもう辞めちゃったんですけども。で、こっち（日本）に来てちょっと小学二年から三年に入る頃までの、五か月くらい確かいたんだよね。で、それで（ブラジルへ）帰ったんですけども。本当に（ブラジルの）日本語学校と、日本で通った学校しか行ってないですね。あとは、もう自分たち、マンガとか、ビデオとかで自然と目に入って、頭に入って、みたいな。そんな感じですね。

――そうすると、ひらがなとか、漢字とか、それはどうやって覚えたんですか。

彬斗　ひらがなは、何で覚えたんだ？　幼稚園ですかね？　あの普通にポルトガル語も教えるんですけども、そういうひらがなも教えてくれるので。そういう流れで、ですかね。あと、うちの店のメニューが壁に貼ってあるので（笑）。結構、普通に（日本語の）文字があったりとか、マンガの本も置いてあるので、それを見て…。『少年ジャンプ』とか『マガジン』とかあるじゃないですか。あれ、漢字の横に仮名がふってありまして、結局そのひらがなを、そこで読みながら、カタカナも自然と。たぶんその幼稚園で覚えたんだと思うんですけども。

で、その漢字っていうのは、「書け」と言われたら書けないんですけども、見たら分かるんですよ。なんとなく。で、そのマンガのおかげで、漢字は必ず目に入るんで、自然に覚えてきたという。な、そんな感じだよね？

一真　うん。

——学校で科目として、日本語とか、そういうのはなかったんですか。

一真　ない…、学校にはないです。

——もう全部、ポルトガル語の字ばかりですか。

彬斗　ちょっと英語の授業があるぐらいで、はい。自分、小学一年、二年の頃はですね、スゴイいい学校に入ってですね、本当。優等生として入ってたんですけれども。で、日本に来てから、その学校を辞めることになったので、辞めて、で、向こう（ブラジル）に帰ったらもうなんと言うんでしょう、やる気がない、みたいな。で、勉強も嫌いだ、ということで。もうちょっとランクは落ちるんですけど、日系人の先生がやってらっしゃる学校があって、そっちまで毎回通ってたんですけども。

来日のきっかけは？

（その後、彬斗さんは憧れの「日本」へ行くことを考えはじめます。）

——その憧れていた日本に行こうと思ったのは、いつぐらいなんですか。

彬斗　えーと、一三、四（歳）の頃ですね。

「行こう」というか、「行きたいなぁ」というか。『瞼の母』という曲を踊った時にですね、直接じゃないんですけれども、他の方から（聞いた話ですが）、「ブラジル人のおばちゃんがね、その『瞼の母』を見てて」、言葉通じない、本当ブラジル人なんですよ、なのに、「感動して泣いてた」。

その話を聞いて「えー、スゴイね」、その時はそういうふうにしか思えなかったんですけども。「え、ブラジル人にも通じるんだ」みたいな。本当、周りには日本人しかいなかったので、「なんか不思議だな」っていうところから、ふつふつ湧いてきたというか。もうちょっと何か学んで、今やってること以上のことをもっと学びたいなという。

（彬斗さんも一真さんも、小さい頃から日本舞踊、和太鼓、三味線、歌などを習っていましたが、その後、プロを目指すことを考え始め、「きれいな化粧をして大衆演劇をする」という現在の形が浮かび上がってきたそうです。）

来日後の印象は？

——彬斗さんが日本にいらっしゃった時には、こちらの日本人の人たちと話をしたりする時は、どんなふうな印象を受けたんですか。

彬斗　なんか変わらないというか、はい（笑）。全然、日本に来たという印象がなかった、ですね。

飛行機で降りる時、なんかゴミゴミしてるところ（へ）降りて行くなぁ、みたいな。降りたらそこが日本だ、みたいな（笑）。話をするのに、別に不自由はないですし、基本的に、お話させていただくのは全然。で、変になまっているわけでもなかったので。「僕、ブラジル人なんです」みたいなこと言ってもピンと来ないわけですね。もう普通に日本人として、全然違和感なく。

（彬斗さんは、来日後、しばらくの間、ある劇団に所属し、そこで勉強していた時期がありました。）

彬斗 ただ、その劇団に入ってやっていく中で、こう、何なんでしょう。やっぱり、「ブラジル人だ」っていう感覚が、相手には出てくるんでしょうかね。

ちょっと、考え方が違うとか。そういったところがあったり。また、上下関係とかですね。そういったところが自分は、一番驚いた。厳しすぎるというか。難しい、実際、そういう世界に生きていてはいたんですけども、ブラジル感覚が長くて「イェー！」みたいな。そういう感覚でいたので。もう自分、ずっとそういうノリできたので。

——じゃあ、一真さんが日本に来られた時はどんな印象、日本の社会とか、日本の人とか、日本語とか、どんな印象を持たれましたか。

一真 いや、もう変わってないですね。ただ、車のあれ、あの、方向が違って、轢かれそうになったくらいなんですけど（笑）

——あと、日本語に関してはどうですか。

一真　日本語。あの、しゃべれてるので。書くことだけが問題で。あとは、自分はあんま喋んない方だったから、全然問題なかったです。全部、聞いて聞いて「はい」と。

自分の日本語の力とポルトガル語の力

（お二人は日本語とポルトガル語の力をどのように考えておられるのでしょうか。）

彬斗　日本語の場合ですね、自分はたぶん、ちゃんと話できるわけじゃないんですけれども、その、書くのは別として、お話しするという感覚では、六〇点から六五点ぐらいかな。で、ポルトガル語の場合は、三〇点いけばいい方じゃないかな、みたいな（笑）。そんな感じですね。

——一真さんはどうですか。

一真　僕は全く駄目ですね、両方（とも）（笑）。あの、あまり人としゃべったことがないので、しゃべったことがないというか、あんま、しゃべんないから。

——家族の中ではお話されるんですか。

一真　あんまり、はい（笑）。

——そうすると、話すのがあまり得意じゃないという意味なんですか。

一真　はい、たぶん。

——でも、読んだりするのは。

一真　読むのは。

彬斗　かなり読むよね。一真の部屋。漫画喫茶状態ですから。マンガ、ずらーっ。

――マンガをたくさん読んだんですか。好きですか。

一真　マンガは、はい。

――昔、小さい時に読んで、面白かったというのは。

一真　あの、『少年ジャンプ』に出てたやつとか『ドラゴンボール』とか。結構いっぱい読みます。

――そうすると、日本語の読む力と、ポルトガル語の読む力というのはどんなふうに評価しますか。

一真　読むのは、ああ、難しい、日本語の難しい漢字は読めないんですけども。あの、なんとなく、あの、言葉、漢字のあたり、ひらがなかなんか当てはめて。

――類推してね、だいたい、こうかなって。

一真　なので、ポルトガル語は、もう本当、そのまま読むだけなんで。

――ポルトガル語の方が簡単ですか。

一真　読むのだけなら（笑）。

彬斗　一真の言う通り、ブラジルの言葉（ポルトガル語）の場合はその通り読むだけなので。英語みたいに「a」が「エイ」と言ったり、「i」が「アイ」だったりと、変わることがなく、「a」だったら「ア」、「i、イ」「u、ウ」「e、エ」「o、オ」、ってそのままそ

現在の彬斗さん（左）と一真さん

れに字をつけていくだけで、その形が決まってるので、読むのは全然問題ないんですけれども、言葉が難しくなってくると読んでもさっぱり分かんない（笑）。

どのように日本語を学ぶのか

（日本で生活している時は、ポルトガル語はほとんど使わないという。ただし、打ち合わせなどで、舞台に関する専門用語の日本語は、最初、分からなかったそうです。）

彬斗　最初の頃は、全然使えなかったです。本当になんて言うんでしょう、素人が話してるっていうだけで、「こういうふうに、こういうふうに」みたいな。「こういう電気ありますよね？」みたいな（笑）。まあ、それが「スポット」だったとか。照明に関しても、音響に関しても、何でもそうなんですけども、そういう仕事で（使っている）言葉っていうのがあるんだなぁ、というのを学びまして、そういったところで今は、結構、お話はできるんじゃないかな、と、一通りはできるんじゃないかな、と。まあ、あまり深く入ってくるとまた分からないんですけれども、とりあえず、自分がやる仕事の範囲では、全然、話はできるんじゃないかと。

（彬斗さんは小学校の二年生の時、日本に少し滞在したことがありました。その時、弟の一真さんは日本の幼稚園に通ったことがあったそうです。）

――一真さんはどうですか、今、日本語はちょっと大変だなぁということはありますか。

一真　大変ですね。

――どんな時に大変だと感じますか。

一真　字を書く時ですね。

――どんな時に字を書くんですか。サインを求められたり？

一真　あの、お名前、あのサイン書いた時、お名前を言ってくださるので。

――相手のお名前を色紙に書いたりするわけですね。そういう時にどう書いたらいいか……。

一真　で、漢字、書ける人に書いてもらって、それを写して（笑）。

言葉と仕事の関係は

――言葉と自分のルーツというのは関係ありますか。

彬斗　うーん、あの自然に身についたものなので、これをするために覚えたとかというわけではないので、そこまで深くはないと思うんですけども、今実際この仕事をするうえにあたっては、（言葉は）スゴイ大切なものではないかなと思ってます。実際、言葉というのはスゴイ深いと思うんですけども。日本語にしてもポルトガル語にしても、たとえば英語にしてもそうだと思うんですけど、伝えたい人によってやっぱりそれが変わってくるのかな。自分たちのショーは、（その）中で、「無言劇」というのを一つ作ったのですが、結局、言葉がなくてもいいような形を作りたくて。要するに、日本のお芝居っていうのは言葉があるから成り立つものであって、海外の人みたいに身体で表現するわけではないじゃないですか、たとえば、時代劇とか。それじゃ、分からないじゃないですか。

（そこから、言葉を省くと逆に伝わるのではないかいう発想が出てきて「無言劇」を作ったそうです。）

彬斗　僕が思うのは、ボディ・アクションとか、まあ、多少違いはあるとは思うんですけども、世界共通なのではないかな、何かを伝えるのに対しては。あと、音楽もそうではないかなと思うんですね。怒りの音、悲しみの音、爽やかな音とか楽しい音とか。そういったものを音楽と動きで表現することによって、ストーリーや話が伝わる。

なので、「何を伝えたいんだよ」じゃなくて、自然に（頭に）入ってくる。それだけ単純なものをと思って、この「無言劇」っていうのを一つ作らせていただいたんですね。

日本に暮らすブラジルの子どもたちへのメッセージ

――今、日本には約三〇万人のブラジル国籍の方がいらっしゃるんですけれども、その中の小さい子どもたちにお二人からメッセージはありますか。

彬斗　怖がらずに、心を開いていけばいいんじゃないかと、僕はスゴイ思うので、そう伝えたいかなと思います。日本だと逆にそれを閉めなきゃいけない部分がやっぱあったりすると思うんですね。確かに、心を開かないと、受け入れてくれないんですけれども、かといって、心を開きすぎるとよくない面がかなりあるので。

でも、ブラジルに行く場合は逆にどんどん心を開いて、もう「その場を楽しむ」ぐらいの気持ちで、行けば全然心配することはないんじゃないかな、と。まあ、文化の違いが大きく出てくると思うんですけれども。日本からブラジル行く分にはそんな難しいことはないんじゃないかなと。逆に、向こうからこっちくると大変ですけれども。

だから、心配しなくていいんじゃないかと思います。日本でやっていくのであれば、その子どもたちではなくて、親に伝えたいのが、「一度日本人になってください。」日本人になれば、その、日本人が考えることが理解できるじゃないですか。頭からもう「日本人は嫌だ」とか「こうだ」「うるさい」って言わずに、一瞬そういう立場になって、ちゃんと理解してくると、その相手はどういう気持ちで言ってるかとか、というのが分かるんじゃないかと思いますね。

ブラジルの方々というのは逃げてしまうので。やっぱり嫌なことはもう嫌だ。でも、日本にいるから、えー、「郷（に入れば）は郷に従え」というか、そういったものをちょっと自分の中に入れつつ、その人の立場になって考えてみると、かなり理解できるんじゃないかなと。だから、その子どもたちはもう逆に本当にブラジルに行くんだったら友だちは友だち、大事にしながら向こうで楽しく、心を開いて楽しんでください、と自分は言いたいですね。

（インタビュー実施日：二〇〇九年二月二日）

インタビューを終えて

お二人のお話で印象的だったのは、幼少の頃に、日本とブラジルの間を「行ったり来たり」しているという点です。さらに、ブラジルでは、家庭や日本舞踊などの習い事の場面で、日本語を使ってきたという点です。小さい時に、着物を着て踊って喝采を受けたことも、日本語を使う環境に深く関わることにつながったのでしょう。

このような環境は、言語学習においてはとても重要です。踊りなどの習い事の中で、生きた文脈の中で言葉を理解し習得しているからです。これは教科学習を目標言語で学習するイマージョン教育と呼ばれる言語教育の方法に通じるところがあります。

彬斗さんは、ブラジルの学校では国語（ポルトガル語）や社会科の授業がよく分からなかったと言われました。それは、日本の学校で国語や社会科を学ぶ、外国から来た子どもたちの様子と似ています。普段遊んでいる時は、ことばを使う文脈が目に見えているので分かるのですが、国語や社会科の場合、その学習内容が目の前になく、空間的にも時間的にも想像力を働かせて言葉の意味を考えなければなりません。そのため、学習の文脈が見えづらく、先生が使う語彙が分からなかったりすると、バイリンガルの子どもたちは、授業についていくことが難しくなります。

そのようなお二人にとって、日本語を学ぶツールは、マンガだったというのも、興味深い点です。日本語学習者にとって、マンガやアニメが「日本語の教材」となることは近年、世界各地で注目されている現象です。

インタビューの中で、彬斗さんは、日本に来てから経験した「理解できない出来事」も話してくださいました。それは、彬斗さんが自分を日本人だと思っていても、相手が彬斗さんを「ブラジル人だから」と見るという経験です。

「そこが僕、理解ができなかったんですね、全然、全く。「何が『ブラジル人だから』」って。「ブラジル人だから考え方が違う」とかというふうに、「ブラジル人だからこういう行動をする」とか。その「ブラジル人だから」という言葉がすごい嫌いでしたね。ある意味、ちょっと差別用語的な感じだと思うんですけども、そういったのが嫌いでした。」

このエピソードは「日本人であること（日本人性）」や「ブラジル人であること（ブラジル人性）」は、社会的な関係の中で、生み出されてくるということを示しています。

彬斗さんは、日本に来る前の気持ちを次のように言われます。

「日本に憧れてたというか、そういったのがあったんですけれども。「うちは日本人だ、日本人だ」と、ずっとそういうのがあって。日本のことをやってきてて。だから、自分はもう「日本人」なんだと。というふうにしか自分の中でなかったんですね。僕は「日本人」だから、「日本人」として振る舞わなきゃ、みたいな。ちょっとしたプライドですね。」

その気持ちが、日本で生活するうちに変化してきたと言われます。そして、その気持ちは言葉についての気持ちにも影響しているようです。たとえば、彬斗さんはポルトガル語について、「僕の中ではそのポルトガル語っていうのは、ブラジル人との交流、お話をさせていただくため一つの手段」といい、日本語は「生きるための言葉。生活があるので」と言われます。自分の中で、二つのことばが目的に応じて位置づけられており、どちらも自分にとっては有益な手段となっていることが分かります。

また、幼少の頃から日本語を習得してきたお二人ですが、日本に来てからも、たとえば、仕事上の専門的な用語などは舞台の仕事を通じて、日々学んでいることが窺えます。日本語が社会的な文脈の中で理解され、習得されていると言えるでしょう。

お二人のポルトガル語と日本語についての自己評価は、決して高くはありませんでした。しかし、お二人は、二つのことばを自分の中にはっきり位置づけ、目的や場面に応じて使い分けをしつつ、仕事をしながらことばを学び、学びながら生活をしておられます。バイリンガルというのは、決して複数の言語を高度なレベルまで引き上げることが目標ではなく、自分の中にある「言葉という資源」とどう向き合い、どう生かしながら生きていくかという「生き方」こそ、考えるべきテーマであるように思えます。そのように考えると、お二人の姿は、私たちにたくさんのことを教えてくださっているのではないでしょうか。

移動する子ども 7

大阪で生まれ、大人が韓国語混じりの日本語を話すのを不思議に思った

コウケンテツ（料理研究家）

高 賢哲　父は大阪生まれで韓国ソウル育ち、母は韓国済州島出身。韓国人の両親のもと、大阪で生まれる。母であり料理研究家である李映林さんから料理を習い、二〇〇六年より料理家として独立、上京した。現在は東京を拠点に講演やテレビ番組、コマーシャルなど、幅広く活躍している。

著書は『人が幸せになるにはごはんを作ればいいと僕は思う。』（主婦と生活社、二〇〇六）、『弁当』（講談社、二〇一〇）など多数。料理研究家のコウ静子さんは実姉。

インタビューは、都内のご自宅で行われました。ご自宅には広いキッチンがあり、そこには韓国の茶器やお皿がたくさん用意されていました。「ここで、料理を作ったり、撮影したりするんですよ。」と、ケンテツさんは気さくに説明してくださいました。

第一印象は、テレビで拝見している、そのままのケンテツさんだなあという思いでした。長身でイケメン、くつろいだ服装と爽やかな表情、そしてにこやかな笑みを時折見せるケンテツさん。

韓国料理だけではなく、さまざまな料理に挑戦する新進気鋭の料理研究家、ケンテツさんが、「移動する子ども」としてこれまでどんなふうに歩んで来られたのか、じっくり聞いてみたいと思いました。

ご自身のことを素材に、今日はどんな「料理」を作ってくださるのか、楽しみです。

幼少時代のケンテツさんは

ケンテツ　僕は大阪生まれの大阪育ちなんです。で、まあ在日二世なんですけども、たぶん僕の年齢で二世というのは珍しいと思うんですよね。まあ在日の子がいるとしたら、三世とか四世の韓国みたいな集まりですよね。同じ年齢で二世というのはすごく珍しいと思います。それであの、まあ日本で生まれ育ったので、しゃべる言葉は当然日本語ということになるんですよね。

――小さい時は、どんなお子さんだったんですか。

ケンテツ　いや、本当に僕は、スポーツをすごくやっていて、もう活発な子どもだったんです。

――どんなスポーツですか。

ケンテツ　えっとね、体がすごく病弱だったので、体を鍛えるためにまず水泳から始めて、で、野球をやって、バスケットをやって。まあ何でもやってたんです。

――小さい頃は家とか家の近くで遊んでいらっしゃったんですか。

ケンテツ　はい、そうです。子どもの頃ですね。まあやっぱり友だちと一緒に運動するっていうようなとこで。僕の住んでたのは、大阪の、都市部、すごく中心部なんですけど、ちょっと離れた下町の方で、あの、戦争の被害をあんまり受けなかった所なんですよ。だから平屋の長屋の家がたくさんあったりとか、昔の建物が残っていたりとかして、本当に住みやすい環境だったんですよ。子どもが遊ぶ場所とかも河川敷があったり公園があったり、すごくたくさんあったんです。

（それは、一九七〇年代の大阪です。近所に同じような背景のお子さんもいたのでしょうか。）

ケンテツ　やっぱりその、なんて言うんですか、特に在日の場合、特に僕の母の世代というのは、そういう人たちはやっぱりみんな身を寄せ合って助け合うっていうような社会だったので、やっぱり在日コミュニティというのがあったんですよね。周りに、まあ、親戚も多かったですし、あの住んでいる一帯がもう在日の人たちがたくさんいる地域だったんですよ。

小学校時代のケンテツさんは？

（一九七〇年代、大阪には在日韓国・朝鮮籍の人々が約一八万人いました。ケンテツさんは地元の公立小学校に入学しましたが、その頃の在日コミュニティはどうだったのでしょうか。）

ケンテツ　在日の環境で生まれた人の中に多いのは、すごく民族主義的な活動をする、やっぱり家では朝鮮語しかしゃべらないとか、土日はそういう集まりに出るとか、あとは朝鮮学校に行かれる方とか、それかもう、完全に日本人として生きて生活する、だいたい二パターンが本当に多いです。で僕の家っていうのはそのちょうど中間。もしそういう集まりが、韓国人とか朝鮮人で集まるような集まりの会が好きだったらやればいいし、でもやっぱり韓国人という事実は隠せないというか事実なので、別に日本人として生きなくてもいいという感じで、もうずっと僕は苗字は本名で名前は日本名、通名っていうのでずっとそのまま生活してたんですけど。ただその名前で表す通り、苗字は韓国、名前は日本で、なんかもう両方とも一緒くたというか、そういう韓国人だからとか日本人だからっていうのは全然なかったですね。

名前のこと――本名、日本名

――コウケンテツというお名前は生まれた時からの本名ですか。

ケンテツ　はい、そうです。

――日本名というか通名というものも持っていらっしゃったんですか。

ケンテツ　持っていました。えっと、苗字はコウなんですけど、通名はミモト。ミモトマサアキっていう通名なんですけど、そのままずっと本名でいたんですけど。

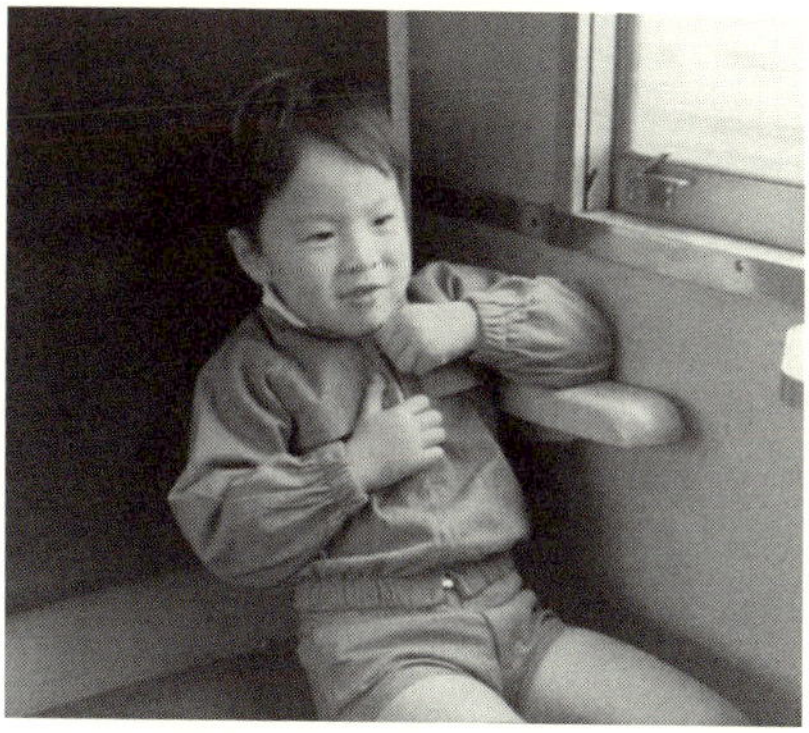

幼少のころ。電車に揺られて

――学校に行った時はどうですか。

ケンテツ　それは、小学生の時はミモトっていう名前でいて、中学校ぐらいの時から本名で、コウでいこうって。でも、もう子どもの頃から韓国人っていうことを公言してたので、むしろ友だち同士の、韓国人であるがゆえの嫌な体験っていうのが全然なかったんですよね。だからなんて言うんですかね、曲げられない事実なので、韓国人だよって、みんなもそれを受け入れてくれてるって状態だったので。

（同じ学校には、在日コリアンの子どもたちも多数いたようです。）

――他の子たちも本名を使ったり、日本名を使ったり、いろいろでしたか。

ケンテツ　そうですね。同級生でもハーフの子とか、お父さんが日本人で、お母さんが韓国人っていうのがいて、成長してから初めて知ったっていうケースもあるんです。実はお母さんが韓国人でとか。そういうケースはありましたね。

「在日韓国人」であることを意識したのは？

――コウさんが意識されたのはいつぐらいですか。

ケンテツ　やっぱりね、その周りに在日韓国人がすごくたくさんいたっていう環境と、周りがやっぱり大人が多かったんですね。で、韓国人は法事の習慣がすごくあって、みんな親戚一同集まったりっていうのが多いんですよ。で、こう大人に混じってご飯を食べたりする中で、やっぱり見聞きする話とか、もうあのリアルに本当につらい経験をされてる人とかをリアルに見るんですよ。こういうことが社会で起こっているんだな、自分の身近な所で起こっているんだなっていうのをまず知るんですよね。

――法事とかが思い出に残っている年代はいつですか。

ケンテツ　いや、本当に小さい、幼稚園ぐらいの時からです。僕の父親が長男なので、韓国の家庭で長男っていうのは絶対なので、長男の家に集まるんですよ。だから小さい時からもう法事で家族や親戚一同が集まってっていう記憶は鮮明に残っていますね。

（その時は、どんな言葉を使っていたのでしょうか。）

ケンテツ　ミックスなんです。韓国語混じりの日本語。韓国語だけでも日本語だけでもなくて、もうミックスされてるんですよね。すごく子どもの中に不思議な印象が。なんでどっちか一つにせーへんねんって。たまに母親も、父親と母親はずっと韓国語で話したりするんです。で、僕たちには日本語でしゃべるんですけど、あの日本語でしゃべってるつもりが韓国語でしゃべりかけてるっていうケースがあったんです。一つの文章の中で韓国語と日本語が入り混じるっていう、これは本当に在日というか外国の人が、あの違う国に住んで生活するスタイルの中では特有の感じなのかなって。その、言葉がミックスになってしまうっていうのは。

家庭では韓国語を使っていたの？

（家庭で両親が話す韓国語は、どのように理解していたのでしょうか。）

ケンテツ　いや、分かんないですね。子どもの時は断片的に分かったりしたんですけど。

――断片的というと。

ケンテツ　センテンス（文）、センテンスとか、単語でなんとなく。あとは表情とか話、口調とかで、だいたいこんな感じかなと。

――たとえば、「ご飯食べなさい」とか「お風呂入りなさい」とか、そういった感じですか。

ケンテツ　そうですね。

——その時にご両親が話される言葉にどんな印象、どんな気持ちを持たれましたか。

ケンテツ　生まれた時からそういう感じなので、全く違和感もなく、かといって特別なことでもなく、なんか自然なことだったんです。で、まあ周りにもやっぱりこの朝鮮学校とかに通っている子もいて、家で韓国語で実際しゃべれるんです。それを見聞きしていいなあって思ったりもして。ただ母親は、もし韓国語を教えてほしいんだったら教えてあげるけど、そういうのは自分からお願いしないと駄目、教えてって言えばいつでも教えてあげるよって言ってたんです。でも強制はしなかったんですよね。それでこうなんとなくそのままきてしまったんです。

——ご両親が特に韓国語を教えようとされなかったのは、何かお考えがあったんですか。

ケンテツ　それはそうですね、やっぱり両極端になるのが嫌だったと思うんですよね。もう韓国人であることを隠して日本人として生きる生き方、すごく民族主義的に生きる生き方ではなくて、自分が今在日で日本で生まれ育った環境っていうのを自分で選択しろと、生き方を。子どもの頃からそういうちょっと放任というか自主性に任せるというのがすごく強かったんですよね、うちは。だからそういう活動がしたければすればいいし、韓国語が習いたければ教えてあげるし、それを自分で選ぶことの方が大事だと思っていたと思うんですけど。

韓国に対するイメージは?

――その頃、韓国に行かれることもあったんですか。

ケンテツ　本当に小さい時に行ったんですけど。まあ父と母はよく親戚の所に行ったりしてたんですけど、僕は本当に小さい頃に数回行ったっていう、成人するまではそれぐらいの記憶しかないです。

――韓国ってどういう国なんだろうっていうことを考えたりしたこともありますか。

ケンテツ　僕の周りにとにかく韓国人の人が多かったし、家の中ではやっぱり器とかそういう物で韓国様式の物がたくさんあったし、大阪に鶴橋っていう所があって、完全にコリアンタウン。もうしょっちゅう行っていたので、もうあの中は本当にリアルに韓国なんです。だからもうなんて言うのか、僕にとって鶴橋とか周りの環境がもう韓国だったので、特別、祖国というか韓国に対しての思い入れっていうのはそんなになかった。むしろ大きくなってからの方が強く。

韓国人であるということを意識し始めたのは?

ケンテツ　やっぱり高校出たぐらいのあたりの頃ですね。

――強く意識されたというのはどんなことですか。

ケンテツ　たとえば、そのなんて言うんですか、僕はすごく、家にも本が、歴史書とか本がすごくあったんですけど、やっぱりそういういろんな事実を見聞きしたり、自分で調べたりした時に、やっぱりこう僕にふつふつと湧き上がるようなものがあったんですよね。それはやっぱり韓国人の血が流れているると強く意識せざるを得ないような状況とかに遭遇した時ですよね。

——それを意識した時に、どんなふうなものとして受け入れたんですか。

ケンテツ　まずね、小学校の時に道徳の授業ってあったんです。そこでやっぱり大阪って、あの在日外国人が多い、特に韓国朝鮮が多いので、そういう差別に関する道徳の授業が結構あったんですよ。で、小学校で習うどの科目よりも僕にとってはすごくリアルに響いたんですよ。それは実際に見聞きしたことと、本に書いてあることが、学校の教科書に載ってることが一致したんですよね。そういう経験って小さい頃ってほとんどなくて。あ、自分が知っていること、聞いたようなこと、体験したことが教科書に載っているっていうのはすごくインパクトが強かったですね。で、やっぱり自分は韓国人なんだと強く意識させられたような状況だったんですね、それは。

——そこに書いてあるリアルなこととか辛いことが経験と結びついて感じられたということですが、それをご自身でどんなふうに評価したんですか。

ケンテツ　そうですね。それは本当になんて言うんだろう、その、悲しい思いをしたりとか、怒りを覚えたりっていうことではなくて、それは事実として受け止めなければいけないと、逆にそう思いましたね、すごく。だからこそ自分の立場を強く明確にしなければいけない、あの、だから誰と会っても僕はこういう人間でっていうことをはっきり言えるようにならないといけないと思ったんですよ。そうじゃないと人間関係、たぶん子どもながらにいい関係築けないと思ったと思うんですよね。

——隠したりするんじゃなくて。

ケンテツ　そうですね。ありのまま。そうすることで、人間関係すごく円滑にいったんで。

「宙ぶらりんで拠り所がない立場」から「物事を客観的に見られる立場」へ

（大人になってから、自分のルーツをどのように考えたのでしょうか。）

ケンテツ　それはですね、やっぱり、あのなんて言うんですかね、在日ってすごく宙ぶらりんな立場ではあるんですよ。特にあの、うちの両親が生き方を好きに選択していいって言った時に拠り所がないんですよ。本当に日本人として生きる、もっと朝鮮とか韓国に対して意識して生きるってなったら、まあ生きやすいんですよ。拠り所がすごくあるんで。ただやっぱりその、大きくなって韓国に行った時とか、逆に差別があったりするんですよ。在日ってことで。しかも韓国語がしゃべれないって言ったら最悪です。お前何人だっていうことを言われるんです。だからやっぱり日本に住んでいたらたとえばリアルに物件探しても取れないとか、部屋借りれないとか、僕の知り合いの人とかも結婚して、あの不動産屋がすごくいい物件を探してくれて話がトントンと言ったのに証

明するものを出した時に、「あ、ごめん、アウト、うちは」とか、本当にそういうのが山ほどあるんです。そういうのを聞いたりした時に、あの、この国にいても自分の国じゃないし、韓国に行ってもまあ住む所もないしってなった時に、じゃあ自分は何なんだろうって思う気持ちっていうのは、たぶん普通に日本で同世代で生きている子たちよりもアイデンティティが目覚める時期が早いと思うんですよ。自分は何なんだろうって絶対考えるんですよ、在日の子って。それは遅かれ早かれ。で、その拠り所をどこに求めたらいいのかなっていうことですごくいろんな葛藤をすると思うんですよね。

——それをコウさんはどんなふうに自分で納得したんですか。

ケンテツ　僕は物事を客観的に見るっていうことが、在日であることですごく役に立ったんですよね。で、あのなんて言うんですかね、国を持たないと、そういうふうに思ってたんですけど、自分には国がないと。逆にそれはたとえば日本の欠点、良いところ悪いところ、韓国の良いところ悪いところ両方見れるなって。というのは、子どもの頃に大人に囲まれた環境で、みんながやれ日本はどうだとか韓国はどうだっていう話を見聞きしてて、こういうふうにはなりたくないって思うことが多かったんですよね。すごく両極端っていう気がして。すごく客観的に日本のこと韓国のことを見れる自分はすごく武器だと思ったんです。で僕は四人兄弟なんですけど、やっぱり兄弟すごく仲が良くて、そういうことを話すことが多かったんですよ。みんな言うのは、やっぱり在日ってすごく辛い時期もあるけど、それを乗り越えたらすごくいい立場だなって、すごくみんな言ってるんです。それはその、物事を客観的に見やすいっていうことがあると思うんですよね。

（韓国語ができたらもっと韓国のことを学べたと、考えていいのでしょうか。）

ケンテツ　いや、その時はね、僕もまだ子どもだったということもあって、若かったのでやっぱり反発しちゃったんですよね。すごくあからさまに、まあ、韓国の人ってすごくはっきり意見を言うので、あからさまにすごく批判されたんですね。それで僕の両親に対しても、お前らは何で息子に韓国語覚えさせへん（の）だって、やっぱ、その、手厳しく言うわけですよ。今ならその気持ちも全然理解できるんですけど、まだ十何歳の時に言われてカチンとくるわけですよ。でやっぱりその、母と父が日本に来てすごく苦労して僕たちを育ててくれたので、「お前に何が分かるんだ」と、逆にちょっと反発してしまったんです、その時は。二度と来るか、こんな国って。でもすごく日本に帰って冷静になってみて、言われることはもっともだし、あの、それはそれで受け止めないと駄目だなとは思いましたね。

——それで「韓国語を勉強しよう」ってことにはならなかったんですか。

ケンテツ　そうなんですよね。いまだに後悔してて、本当にもう。特に今料理家になって強く思うんですよ。本当にやっときゃよかったなっていうのはすごく後悔してます。

——それは、料理のことがもっと学べるからですか。

ケンテツ　当然そうですし、やっぱりその在日であることのプラス面っていうのは物事が客観的に見やすかったっていうのと、二つの国（の言葉）を覚えるチャンスが一気にある、子どもの頃に。だから本当に後悔の塊ですよね。で、ちょっとずつ勉強しようと思っても、今はなかなか頭に入ってこないんですよね。

日本語と韓国語、そして自分

——英語とか他の言語に対する距離感と韓国語に対する距離感は違うんでしょうか。

ケンテツ　そうですね。やっぱり小さい頃は当然なんか「韓国語ってちょっとダサいし」っていうのが正直あったんですよ、すごく。それは成長するとともに薄れてきて、あの気持ちは変わったんですけれども。そういう意味で距離感はすごくありましたね。

——今は音楽とかドラマとか韓国からいろいろ入って来てますけど。

ケンテツ　ええ、僕の子どもの頃からしたら本当に考えられないですよ。本当にとにかく両国に対してそうですけど、韓国に対するイメージってネガティブなものしかなかったですから。本当にこんな時代が来るとは思わなかったですね。

——今は料理のこともそうですけど、いろんなことを両方得たいっていうお気持ちですか。

ケンテツ　そうですね。もう本当に向こうに旅行に行くだけで勉強することが本当にたくさん、良いことも悪いことも。

——ケンテツさんの体の中に今どんな言葉が一番入っていますか。

ケンテツ　当然それは日本語です。

——今日本語で韓国語のこともお話になりましたけど、ご自身の中で韓国語ってどのように意識されていますか。

ケンテツ　そうですね、うーん、まあその事実として祖国の言葉だっていうのはもちろん第一にあるんですけども、あのなんて言うんでしょうね、うまく言えないんですけども、直感的にやっぱり今からでもいいから勉強して身につけないといけないっていう必要性をすごく感じますね。それは仕事に生きるとか役立つっていう以前の問題、もっと何でしょう、こうやっぱり韓国人として生まれたので、コミュニティのものとしてやっぱり習得しなきゃいけないって、すごく思いますね。

──日本語が中心っていうお話ですけど、日本語とはどんなつながりなんでしょうね。

ケンテツ　そうですね。でもやっぱりあのここの国で生まれて育ったという運命的なものもありますし、あのどうせ韓国語を覚えたとしてもまず最初に考える言語っていうのは日本語なんですよね。だからそのやっぱり自分を表現したり、自分を形成するものはやっぱり日本語なんですよね。だからやっぱりその、今母国語としては、実際に使っている母国語としては日本語になるっていう。だから一番大切なものではあるんですよね。

料理研究家としての自身をどう考えるか

（ケンテツさんの料理の中心にあるものは何なのでしょうか。）

ケンテツ　やっぱりその韓国料理がベースなんですけど、ただその韓国料理っていうのが、あのお袋の料理なんです、言ってしまえば。あの焼き肉とかそういうイメージが強いかもしれないんですけど、あのいわゆる宮廷料理とか日本で食べれますけど、結局はお袋の味なんですよね。昔日本がおばあちゃんの味とかあったみたいに。韓国は日本に比べて昔のものを残そうっていう意識が強いので、いまだに韓国の人にどの料理が一番好きって聞いたら、お袋の、オモニ（お母さん）の料理が一番好きって答える人が多いと思います。僕も本当に料理の仕事をしてるんですけど、やっぱりベースになっているのは母親の料理が一番ベースになっています。

——お母さまやお姉さまとはまた違ったバリエーションを持っていらっしゃるように見えるのですが、それは何か意識なさっているんですか。

ケンテツ　そうですね。あの、やっぱり僕が料理家する時ってまだまだそこまで韓国料理っていうのが、家庭で作る物って、なかなか受け入れられない。やっぱり韓国料理って言っても外に食べに行くっていうものだったので、あのあとは僕は若手の男の料理家っていうことで、やっぱりこういろんな物を幅広く紹介する必要があったんですよね。でもそのやっぱり、そんなにイタリアンとかフレンチとかいろんな料理に自分がこうアジャストっていうかその適応できるようになったのも、やっぱりその在日韓国人って、ちょっと宙ぶらりんな立場にいたので、逆にいろんな国の料理をあの吸収しやすかったと思うから。なんか偏見を全然持たないんですよ、人に対して。それはすごく料理にも当てはまったんですよね。

——じゃあ、ご自身でいろいろ試したりしたんですか。

ケンテツ　そうです。本当にもう食べることが僕の家族は好きだったので、あの、みんなでご飯を食べに行って、これなんやろって思ったらシェフに作り方を聞いてみたり。で、なんかやっぱりシェフの人もすごく熱い人はどこの国の料理の、どこどこ地方のって情景を語ってくれるんですよね。それであああなるほどって、イタリアの南部の方の料理なんだって思い描いて、作り方を聞いて、家に帰ってみんなで作るっていうことをよくやってたんです。

今後の仕事の方向性は？

——そういうものを取り入れて今後はどういうような方向に進みたいとお考えですか。

ケンテツ　そうですね。その僕が料理家になったきっかけっていうのが、やっぱりその母親は当然バイリンガルなんですけど、母親はいまだに韓国語の方が達者なんですよ。あの当然成人してしばらく韓国にいて日本に来たので。で、こう母親が料理家としていろんなとこで講演をしたり料理教室をしたりとかする時に、やっぱり日本語がちょっと自分では完全ではないという意識がちょっと。もう普通にしゃべれるんですけど、やっぱり韓国語の方が得意なので。で、こう、一生懸命日本語で自分の気持ちを表現しようとするんですけど。なんか母の料理教室とかに一緒に行くとね、言葉を超えて伝わるんです、何かが。で、「一生懸命さ」だったり、なんて言うんでしょう、うまく言えないんですけど、料理を通してこんなにコミュニケーションというか自分が思っていること感情とかをすごい伝えられる、すごいなって思ったんですよね。当然母親は韓国語ならもっともっと思ってることを表現できると思うんですけど、でも生徒さんたちにばっちり伝わってるんです。本当に感激して泣かれてる人とか、料理教室が終わったらもう母に個人的に話を聞きたくて、みなさん並ぶんです。で、それが終わったら手紙とかいただいたりとかして、もうすごいなって。ただ単にレシピを教える会なのに、料理教室って、それ以上の交流ができるんだなと思った時に、やっぱ料理ってすごい、言葉のようにものを伝えたりできるんだなって思ったんですよね。

——コウさん自身もそういうところを目指していらっしゃるんですか。

ケンテツ　そうですね。はい、やっぱり活動をどんどんしていきたいなって。逆に、その、母はすごく違う国から日本に来て、言葉もしゃべれないまま日本に来て、結婚して生活の糧を築いて子どもたちを育ててっていうのは、僕は逆にたとえば僕がアフリカとかに、全然知らない国に行って、同じことができるかって言ったら、もうそりゃすごいことだと思うんですよね。そこまでして、こう、息子たちに、子どもたちに伝えてくれたことはすごく大事にしたいなって。それは逆に僕は、僕の下の世代とか僕の同世代に伝えることができたらいいなって、すごく、思いは強いですね。

（インタビュー実施日：二〇〇九年三月二四日）

インタビューを終えて

ケンテツさんが韓国人二世として大阪に生まれたのは、一九七〇年代です。その頃の日本は高度経済成長期。しかし、大阪市内には、まだまだ戦後の古い建物やアパートが残っている時代でした。私も、その頃、大学生で、大阪に住んでいましたので、情景が目に浮かびます。ケンテツさんは、そんな時代の大阪で生まれ、在日コリアンの集住地区で成長しながら、さまざまな経験をされました。その経験をすべて、ご自身の自己形成に役立てていかれたように、私はお話を伺って感じました。

インタビューの最後にケンテツさんは、日本人でもなく、韓国人でもなく、「そういう意味で、僕はもう韓国からも日本からも良い部分をどんどん吸収していきたいなあと思っています」と答えてくださいました。しかし、一つの文化にこだわる人から、どっちの人間なのだとプレッシャーがかかることがあるのかを尋ねると「僕はそういうプレッシャーは全然ないですね。何人とか、どこに属しているとか聞かれたら、当然、僕は韓国ですって答えますし、今日の野球でもバリバリ韓国、応援しましたし、だから、今、テンション下がっているんですよ」と答えてくれました。実は、インタビューの日は、ちょうど、WBCの決勝で、日本が韓国に勝った日でした。ケンテツさんは日本生まれの日本育ちですが、韓国を応援しておられたそうです。「心の中では土台は、当然、韓国です。ただ、その、日本で生まれ育ったってことは紛れもない事実なので、なんて言うんでしょうね、それはそれ、これはこれって言ってしまっていいと思うんですよね。」とその胸のうちを正直に明かしてくださました。

大阪生まれのケンテツさんが大阪弁についてどうお考えかも聞いてみました。すると、

「僕は関西弁って韓国語に近いかなって。あの、人と人がこう結びつきやすい気がするんですよね。土壌、土地柄かもしれないんですけど、なんて言うんでしょう、あけっぴろげというか、好奇心旺盛な気がして、そういったところが韓国人の人の気質とすごく合っているような。なんか、日本からメジャーリーグに行った人はほとんど関西出身の人らしいんですよ。だからやっぱりこう、なんて言うんでしょう、いろんな人と適応しやすいのかなって。しかも関西で韓国人なので、すごくやりやすいというか。」と答えてくださいました。ことばとアイデンティティの微妙なバランス感覚を磨いていくのも、それぞれ人によっても異なるのだなあと感じました。私自身は関西生まれではありませんが、大学生の頃から二〇年近く関西に住んでいました。そんなわけで、今、仙台に住みながら、家庭内言語として関西弁を使っている私にとっては、ケンテツさんのお話は大変興味深いものでした。

移動する子ども⑧

名古屋で育ち、アラビア語を
話さなくなった

フィフィ

（タレント）

Fifi　エジプト生まれ。エジプト人の両親とともに、幼少期の一九七〇年代後半に来日。以後、名古屋で過ごす。日本人男性と結婚し、一児の母。現在、テレビ出演や講演等で活躍中。

インタビューは、都内の所属事務所の応接室で行われました。インタビューを始めた時、フィフィさんは神妙な表情で、静かに語りだしましたが、徐々に、いつもテレビなどで発言していらっしゃる時と同じように、早口で、止まらないほど、たっぷりお話してくださいました。私の短い質問を直感的に理解され、ご自身の経験や意見を、具体的なエピソードを交えて生き生きと話してくださる「話しぶり」はとても魅力的で、引き込まれました。

インタビューが終わると、丁寧に挨拶をしてくださり、エレベーターまで私を見送ってくださいました。

さあ、知的で、人間的で、熱のこもった「フィフィ節」を、たっぷりお聞きください。

日本語とアラビア語

（フィフィさんは、ご両親が国費留学生として名古屋大学に入学する時、初めて日本にやって来ました。日本語を覚えるのに、苦労はなかったのでしょうか。）

フィフィ　私は保育園から日本なので。全く日本語を苦労したっていうイメージはないです。

（では、家庭ではどんな言葉を使っていたのでしょうか。）

フィフィ　アラビア語なんですよ、両親ともエジプト人なので。アラビア語なんですけど、受け答えが日本語になっちゃうんですよね。

「語学のセンスがない」と親に言われて

（フィフィさんは、三姉妹で、真ん中。姉妹は家庭でアラビア語をどれくらい話していたのでしょうか。）

フィフィ　上の子は四歳の時に来てて、最初から（アラビア語を）しゃべれる状態で来てますよね。私は記憶にないですよね。しゃべってたことはあるかもしれないけど、ほとんど記憶はない。で、妹は日本で育っているんですけど、逆に、ちょっとしたことでも母親の言ったことを理解してると褒められるじゃないですか。で、私は、舌っ足らずか知らないけど、発音したことを、母親がこの子は全く発音が下手って言われたことだけを根に持ってしまって、ずーっと。一切、私からは、自分からは、「だったらしゃべんない」って、（アラビア語を）しゃべんなくなっちゃた子なんです。

英語も、父親が（英語を）教えてた人だったんで、英語の発音を間違えて指摘されたことがすごく、「私には語学のセンスがないんだ」って。それで、一切英語も、もうしゃべらなくなっちゃったんですね。で、それからずっと英語も習得しようと思わなかったんです、実は。

（つまり、フィフィさんは、三姉妹の中で比べられるのが嫌でアラビア語や英語を話そうとはしなかったのだそうです。）

――何歳ぐらいですか。

フィフィ　あれは、中学校に入ってちょっとぐらいじゃないですか。だから、「もう英語も勉強しているのにそんな発音しかできないのか」っていうぐらいの…。あの、「あんまり意味の通じない」って言われて。そこまで言うかと思っただけど、お父さんからしてみたら、自分は英語を、大学の先生だったんですけど、英語を高校生とかに教えてたりとかするんですよ。だから、すごく厳しく言われるじゃないですか、自分の子どもに対しては厳しく言うから。それで言われたことは、「なんでそこまで言われるの」って思ってから、「じゃあもう英語なんてしゃべんない」って。アラビア語も言われるわ、英語も言われるわ、だったら私、絶対、違う語学にしようと思って。「そっちですごいって思われた方がいいや」って思って。逆にそっち（アラビア語や英語）を遠ざけていったんですね。

（そのため、フィフィさんは大学生の時に中国語を学び、たびたび中国を訪れていたそうです。）

「日本人は外国人の顔を見て英語を求める」
――アメリカへ留学したホントの理由

フィフィ　でも、大学の時に悩んだんですよ。このままいくと…。私、実はアメリカに留学しましたけど。結局は、ですよ。でも、私はずっと中国に留学するつもりだったんで。四年間私の大学はほとんど、大学の休みになるとずっと中国に一人で旅行してましたよ。で、中国語も勉強して。で、中国の大学を調べてたんですけど、ずーっと。でも、自分の中では悩みはありました。

（フィフィさんは、どの言語を身につけることが自分にとっていいことなのか、その問題を考え続けていたそうです。なぜでしょうか。）

英語を遠ざけている理由は、ちょっとそれでいいのかな、って。このまま…。で、母にもやっぱり相談したりした時に、ママは「別に自由にしなさい」なんですけど、「複雑になるよね」って言われたんですよ、逆に。「どんどん複雑な人間になっていく」と。英語はできない。アラビア語できないのはまだしも、外国人の顔をして、日本語しか話せなくて。で、さらに「中国留学します」って中国行っても、結局英語ってついて回ってて。

顔がこういうふうに外国人だと、日本に戻って来た時についで回るのは英語なんですよ。「英語もしゃべれないの」って、結局言われちゃうんですね。「英語もしゃべれないのに」ってなる。要するに、日本人は外国人の顔を見て英語を求めるんですよ。だから、このまんま、じゃあ中国語を学んで中国のこと、いろいろ学んで、じゃあ帰ってきました、って。もちろん日本で生きてきたから「日本で就職しよう」って頭ではあったんですけど。そうなった時に、たぶん、「英語も話せないの？」になるだろうなって。

で、実際そうだったんで。就職活動、大学卒業して就職活動して三日でやめてるのは、「英語話せないんでしょ」って言われたので。同じくらい勉強して、もちろん私は留学生として入らなかったので学費も同じだけ、日本人と同じだけ払って、学部生で入って、で、結局就職の時は違いを求められたんで。「あ、これ逃げられないな、ずっと日本で暮らすんだったら」ってなった時に、「はあ、しょうがない、アメリカ行くしかない」って思って。

（実際にアメリカへ留学して、再び、日本に帰ってくると違うのでしょうか。）

フィフィ　で、帰ってきたらやっぱり違うんですよ。「語学、話せんの」って言われて。そりゃ一年ちょっと、まあ二年弱ですよ、なのに、まあ、「はい」って言ったら全然違うんですよ、対応。「だったら」、みたいに。特に私たち就職難だったので。初めての就職難じゃないんですか、戦後の。その時期だったので、日本人か外国人か採るってなった時に、自分の国の、そりゃあ、国民、学生、採るの当たり前じゃないですか。そんなのエジプトにいても、「外国人ばっか、採んなよ」って、なりますよ。だから、それはしょうがないから、「自分が日本人が求めてるもの持ってこないと就職できない」っていうプレッシャーがあったので、「とりあえずもうアメリカ行くしかない」ってことですよ。希望よりも。

「やりたいことよりやれることを選ぶ」
——テレビで求められるもの

フィフィ　それからですかね、自分の性格っていうのは、やりたいことよりやれることを選ぶようになりました。やりたいことを選んでも、求められるものが違う場合があります。こういうテレビの活動していても、本当はこういうことを言いたくてテレビに出てるのに、「外国人のキャラを出してくれ」みたいなのを言われちゃうんですよ。すごく嫌なんですけど。「今、もうそういう時代じゃないのに」って私はつくづく思うんですよ。そんなね、外国人がね、テレビ出てね、またバカみたいな感じでね、「何も知りません」みたいなことを言って来る外国人、日本に来る外国人なんて少ないし。「梅干し、食べれません」みたいな話したって、それの方がよっぽどもう過去の話で、そんな話あるわけないんですよ。みんな梅干しの味だって知って来るんだし。なのに、いまだに、まだメディアがそうしてる。

（フィフィさんが初めてテレビに出演した時、「日本語があまり話せない外国人のふり」をしたそうです。それがメディアの求める「外国人の出演者像」と考えたからです。実際、その「効果」はあったそうですが、そのような「外国人タレント観」に、フィフィさんは疑問を感じています。）

「私には逃げ場がない」
――環境から逃げた子と逃げなかった子

（日本で生まれ、「外国人」として成長する中で、さまざまなことを経験したフィフィさん。「苦労」もあったのでしょうが、その説明は意外でした。）

フィフィ　実は本当のこと言えば、外国人だからいじめられるっていうことはあんまりなくて。逆にハーフの方がいじめられるんですよ。帰国子女とか。同じ顔してる、似ているのに、そっちの方が優れているっていう子たちの方がいじめられるんです。要するに、英語のクラスとかで、英語の発音も上手い。だから、わざと英語を下手にしゃべるっていうじゃないですか。とか、ハーフの子ってかわいいじゃないですか。早い話がかわいいじゃないですか。クラスでも目立つ、かわいいから嫉妬していじめる。

だから、逆に全く違うもの、外国人って見た場合は、あまりいじめられないんですよ、実は。「違うね」って言うんです。逆に何でも許すんです、日本人の性格って。「外人だからねー、しょうがないよね」って言うんですよ。びっくりするぐらい私は許されて生きてる。ただし、（私の子どもの頃は）外国人に対して無知だった時代だったので、「外人、外人」って言われて、そりゃ傷ついたりするし、「ちょっとやだな」っていう思いはしてきましたよ。してきましたけれども、そこを逃げてしまっても、私には逃げ場がないので。さっきも言ったように、インターナショナル（スクール）に行くっていう発想はなかったですし、親にも。その逃げ場がないし、っていうところで。

(日本で「外国人」を意識して生きるフィフィさん。インタビューの後半は、親の立場から、言葉と子どもの関係について伺いました。)

自分と子どもとアラビア語

(フィフィさんは国際結婚し、一児の母でもあります。親の言葉や親の祖国について、どのようにお考えなのでしょうか。)

フィフィ　実はエジプトに帰ってあまり長い期間いないので、あれなんですけど。脳の働きの方がすごい不思議で、自分が意識しているのとは別に働いているところがあるみたいで。長くいる場合…。今、本当に時間がなくて長くいれないんですけど、一か月二か月いると、いきなり点と線が結びつくように、いきなりしゃべりだして、慣れてくると。知識が残ってるみたいで、言われてた、しゃべってたもの。だから、「聞ける」っていうのは、単純に「聞ける」ではなくて、その中にいろんな文章とか自分では発してはいないのに、一切発することがないのに、残ってるんですよね。

(日本にいる時は、アラビア語を話さなくても、耳から聞いたアラビア語が、エジプトに帰ると出てくるという体験です。そんな時、フィフィさんは、どんなお気持ちになるのでしょうか。)

フィフィ　ちょっと安心します。あははっ。脳がいつか助けてくれる。脳のメカニズムにそうって言われたら安心するので。実はすごくプレッシャーなんです、たぶんそういう（外国で暮らす）子どもたち。

私はね、私はこの環境で、じゃあ次、子どもにアラビア語、っていった時にも、子どもに対して、アラビア語しゃべらないのにアラビア語を教える、っていうのは、すごく難しい環境にいると思うんですよ。姉とか妹とかはすごいですよ、もう、そのことに関して。自分がしゃべる分。だけど、自分の国の言葉をしゃべることだけをコミュニケーション、ていうふうな「はかり」を自分が捨てちゃった以上、捨てちゃって生きてきた以上、私は別にそこまで自分の子どもにアラビア語を教えようとはしない。自分がまたプレッシャーを持って育ってきたので、語学をやらせるっていうのはすごく嫌なんです。で、なおさら自分の親がアラビア語しゃべるのに、その環境で子どもを育てなきゃっていうことになると、子どもは今度しゃべらなきゃ、っていうプレッシャーだったりする、また後々、親もどうしようって思ったりしてるかもしれないけど、子どもも同じように感じているんです。

言葉を学ぶのに必要なのは意欲、環境、追い込まれること

（では、フィフィさんの中心にある言葉は何語なんでしょうか。）

フィフィ　全然、日本語ですよ。

——そうすると、フィフィさん自身の中では、アラビア語の知識、それから日本語の知識、それから

英語の知識と、いっぱいあるわけですよね。それは今も…。

フィフィ　完全じゃないですけどね。今は日本語以外は、まあ日本語もどうかと思うけど、ほとんどはどれも完全じゃないというイメージですよ。「中途半端だなあ、私」って思いながら生きてますけど。それがまた嫌ですけどね。そう思ってる子、多いと思いますよ。逆にいろんなものが混じり合った知識を持ってるんだけど、全部中途半端っていう中で生きているっていうのは、なんか、「よくないなあ」って思いながら。完璧ならいいんですけどね。完璧な人間じゃないみたいで。自分が作った環境でもないんだけど、完璧な人間じゃない環境に、そういう人間を作るような環境が自分にたまたま自分の運命で、こういう人生になってしまったということで。で、ちっちゃい時はいろんな事で悩みますけども、なんか大きくなってくるとなんか悩む暇もないので、別に悩みませんけど。

（では、中途半端という気持ちを乗り越えるにはどうしたらいいのでしょう。）

日本に来て、2歳ごろ

フィフィ　コミュニケーションっていうのは、必ずしも暗記とか、そういうもので成り立つものではないと思ってますから、本当に。もちろん語学がしゃべれるに越したことはないし。コミュニケーションするのも早いですけど、もう少し大事なのは意欲だったり環境、そのなんて言うんだろう、もっと窮屈に追い込まれることだと思うんで。語学は本当追い込まれることだと思うんで。もっと本当に手段として捉えれば、追い込まれて…、という環境になれば誰だって勉強すると思うんだけど。追い込まれてないことが幸いですよね、今。そればっかりを求められてないんだから。求められれば、それじゃなきゃ食べていけないとかね。それが私の手段になってしまったからしょうがないですよ、やりますよ。

アメリカ留学で発見したこと

（フィフィさんがアメリカで英語を学んでいる時、フィフィさんの英語が日本人的な発音だったことを指摘されたそうです。）

フィフィ　アメリカに行った時ですね。日本語の発音じゃないですか、日本にずっと生きてて。で、RとLのサウンドが区別がつかないとか。本当に日本人なんですよ。で、先生もびっくりしたらしくて。私がしゃべると、ずっと不思議がってるんですよ、先生が。書類にはエジプトの子って書いてあるじゃないですか。日本で育ったエジプト人って書いてなかったんですね。だから、エジプト人なんですけど、ずっと先生が不思議がるんですよ。で、先生が、それ、「あなたさあ、どこから来た」って言われたの。で、「日本から」って言ったんですよ。そしたら、「だからねえ、もうあなたの英語、日本人の英語だもん、びっくりしてた、ずっと」って。

（その英語の先生は、フィフィさんの英語の発音だけではなく、分かっていても発言しない態度も日本人的だと指摘しました。それは、英語の成績をもらった時のエピソードです。）

フィフィ　「分かるけど手挙げない、積極的に発言しない」って。「あなたがもらってしまった日本人の悪い部分ですね」って言われて。先生はね、「この国はアメリカっていう国で、弱肉強食なの、積極的にやらない子にはこれぐらいの点数しかあげない」って言われたんです。「それじゃないと、あなたはこれからこの国でやっていけないよ」って言って。いろんな国の人がいて、いろんな性格がいて、いろんな宗教の人たちがいて、いちいちこの人が、本当は分かるのかしら、わからないのかしら探っている暇はないわけですよ。「『私、分かってるのに』って言うのなら、表現しなければ、それはもう分からないってみなしてこの点数なの」って言われたんです。「そっかあ」って思って。向こうに行った最初の頃は、それこそ発声するのも嫌で。

（フィフィさんは、英語を学ぶ時に積極的に発言しなかったのは、ご自身の子ども時代のことが背景にあったと言います。）

フィフィ　アメリカにいる時ですよ、もうそこの段階になってまで、ちっちゃい時の、あの思いを引きずりながらですよ。だから、根深いですよ、子どもに言う言葉って。今、（自分の子どもを）育てながらも、絶対に彼のプライドを壊さないでおこうと思うだけですもん。

子どもが母語を失うこと

（日本に小さい時に来た子や日本で生まれた子どもたちの場合、やはり日本語が中心になる子が多くいます。そのため周りの人たちは子どもが母語や、母文化を失っていくのを心配したり

しますでそのことをフィフィさんに尋ねると、）

フィフィ　母語を失うことに関しては、まあ母親がいつも私に言ってたのは、逆に母親にしてみたら「ごめんね」っていう話なんでしょ。アラビア語の学校もここにはなかった。特に名古屋なので。じゃあ英語にしたとしても、「インターナショナルな学校に入れて国際人っぽく育ててあげられなくてごめんね」っていうことは言いますけど。子どもから言えば、実は逆に、自分の国を、望郷って言うんですか、余計に愛国心を持っているんですよ、不思議と。

――フィフィさんが？

フィフィ　はい。たぶん自分の国、自国のエジプト人よりもよっぽどですよ。だから、親がね、どんな理由で日本に来たかにもよっては、どういうふうに自分の国を伝えているかは分からないですけど。逆にすごい愛国心を持っている子もいると思います。たとえ自国を知らなくても知らないくせに。いいところしか知らない、いいところのイメージしかないかもしれませんが。

だから、エジプトに帰ってからショックを受けるときもありますね。たとえば、イスラムのことも聞いているので、すごくイスラムに対して、敬虔なイスラムの人がいるんだって思って。で、エジプト帰ったらナンパされるわ、「どんな国だよっ」っていう感じなぐらい、もうびっくりして。

みんなもっと気楽に自分の国のこと考えているわけですよ。でも他の国にいて、自分の国っていうのを守っていこう、自分のアイデンティティが消えてしまう、って子どもも思っているので。それを恐れているので。要するに、エジプトがテレビに映っただけで、「見なきゃ」って思うくらい。「何かを知らなきゃ」って思うぐらいなのに、自分の国、行ったら自分の国の人たちはもっと気楽に、自分がエジプト人であることを意識もせずに育つわけでしょ。

——言葉がうまく話せなくても、十分アイデンティティを持っていけると？

フィフィ　「そっちの方が大事かな」って私は思ってるんですけどね。「じゃあ言葉ができても、そっちが抜けてもな」っていう感じ。要するに、じゃあ逆にエジプト人としてガツンと育たなかったとしてもですよ、国際人として育てるイメージでよくインターナショナル（スクール）入れますよね。だから、「母国語をしゃべらないけど英語をしゃべれるようにはせめてしてあげたい」っていうふうにしてやりますけど、そうすると、「じゃあ英語はしゃべれるけどアイデンティティ残っているか」という話になってきた時に、抜けてる子もいますよ。自分の国のこと分かんないとか、もしくは、母親はうまく教えようとしたんだけど、なんかそこまで意識はしていないとか。

「外国人」であることを忘れていた子ども時代

——フィフィさん自身は、今ご自身のことを何人だと思っていらっしゃいますか。

フィフィ　エジプト人ですよ、全然。ただし、びっくりすることに、最初のうちはですね、意識しないですね、小学校ぐらいの時。ずっと意識しません。周りも意識しないんです、実は。自分が外国人だって言うことを周りも意識しないんですよ。

私と一緒に歩いているお友だちが、ほかの外国人を見て「あの子、外人だ」って言うくらいで。私が隣にいるにも関わらず、「外人、外人、外人だよ」って言って、「びっくりだね」とかって言うんだけど。「私も外国人なのに」ってびっくりしますよ。もしかして、私も「外国人」、私も一緒になって「外人だ」って言っちゃうぐらいの勢い。忘れちゃうんです、パーっと。意識させられるような環境は、実はあんまりないんですよ。幸いですよね、それは。周りも先生も。

最初の頃は外人って言った子もいましたよ。そしたら先生がめちゃめちゃ叱った先生だったんですよ、普通の公立だったんですけど。「みんな違わないから、そういうこと言った奴は先生に言いなさい」って。「フィフィになんか言った奴は言いなさい」って言ってたくらい。そういう先生がいた教室だったので。

なんかあって、逆に自分が外国人だって意識させられた時は、遠足に行った時に、遠足はだいたいシーズンがみんな似てるでしょう、他の学校も。そうすると、一緒になるんですよね、動物園とか。そういう時に、「あー、外人がいる外人がいる」ってみんなが言った時に、私が外人だっていうのに気づくんです。「あ、そっか、私、外人だ」って。でもね、そういう時、周りの子が、「外人って言っちゃだめなんだよー」って。先生が言ってた言葉です。「フィフィ、外人って言っちゃだめなんだよー」って言って。「外人っていっちゃだめなんだよ」、だからね、そうやって教えられたことを子どもはすごく忠実に守っていくんですから。

中学時代に、告白したら、失恋。その理由は？

フィフィ　あのね、中学校ぐらいの時ですかね、「外国人だから」ってふられたことがあったんですよ。

――恋愛で？

フィフィ　そうそうそう。告白したら、中学校の時に。やっぱりその時に、「ああ慣れてないからだ」と思うんですけど、その時はすごく傷つくじゃないですか。その時ぐらいから、変な話、「自分が日本人だったらよかったのに。みんなと変わらなければいいのに」って思った時期が何年か続きましたよね、中学校ぐらいまでは。

高校生になって、そして大学生になると……

フィフィ　今度は逆に高校生ぐらいになった時になると、コンパとかやりだす時期があるんですよ。そうすると、逆に違ってる子っていうのは目立つ。で、目立ってるからいい、みたいになってくるんですよ。だから、今度は、呼ばれるのはすごいうっとうしくなってくるんですけど、「外人、外人」って呼ばれて、じゃあ「私、外人だから」って行ったら行ったで、みんなのイメージしている外人ってキャサリンとかナンシーとかさ、教科書に出てくるような金髪とかさ青い目とかになってくるわけじゃん。「外人じゃねーだろ、どう考えても。日本語、話すし」ってなってきて、逆にもう行きたくなくなるんですけど。

今度、大学ぐらいになってくると、今度は「外国に興味があるから」とかなってくる子もいるし、あと、外国人と自分が接することになってくる時に、結構また有利に働く時もあって。どんどんどんどん、「自分が外国人であるっていうことが、この国で、どうやって使えるかな」っていうふうに考えだして生きてきたので。安心していいと思うんですけどね。

（親も）安心すればいいと思うんですよね、育てる時に。子どもはね、それなりにいろんな心境になっていくんですけど、「どうやって今度はこれを使おう」っていう、ずる賢い子に育てればそうなっていきますからね。

「外国人」として生きるストラテジー

フィフィ　私、東京来た時は真っ先に外国人になりましたからね、恥ずかしさ満載だから。だから、私が普通に日本人だったらおのぼりさんですよ、上京してきたって感じで。だから二三歳にして、地下鉄マップなんてガーンて見るの恥ずかしいから。こういうふうにみんな見てるじゃないですか（手帳を見るしぐさをしながら）、ちょこちょこってなんか手帳、見てるふりして。実は一番後ろの地下鉄マップ見てる、みたいな。そういうことするでしょ。そういうことしてる子って、いっぱいいると思うんだ、大学入ったばっかの時とか。
だけど、私の場合は、もうさっきニューヨークから来ました、「ニューヨーク落ち」しましたみたいな勢いでバーンて見てて。で、たとえば「御徒町《おかちまち》」って読めなくても、「エー、ココ、イキタイ」みたいな。「西日暮里」も読めないんですよ。「日暮れの里じゃない」なんとかって、言って。読めなくって向こうが分かってても、外国人だからって思われるように、もう、すっごいコテコテの外国人みたいになるんです。

だから、「そうやって使い分けすれば、すっごいうまく生きていける」って分かるようになったらなったで、「得してるかも」って思う。だから、「得してるんだよ」と。「あなたは、この国で外国人として生きていくことで、マイナスになっていくんではなくて、逆に何か一石二鳥で、もっと得ができるんだよ」っていうのを、なるべく早い段階で教えていきたいけど。

私みたいに日本の学校で育つ子っていうのは、自分だけがクラスで違うっていうのは、すごく傷つきやすい時期とか、そういう時期ってちょっとでも人と違うのがすごい嫌だけど、ちょっと高校生ぐらいになると目立ちたがり屋になろうとみんな頑張りますから、それぐらいの時期からどんどんどんどん教えるんですよね。それまでの時期って教えてもなかなか…。逆にそれ教えすぎちゃうと、学校で、さっきも言ったように、じゃあ英語の発音がうまいから英語で言っちゃったり、表現すると、逆にみんな嫌がるんですよ。

だから、それはよくないので。高校ぐらいからですか、「うまく使える」ってことを。高校生ぐらいになると、たとえば英語の発音がよくても、「こいつ、すげーうまい子だな」って、「うまいよなー、お前、教えてよ」、じゃないけど、そんなに嫉妬する子っていないんですよ。留学する子も出てくるぐらいだから。だから、「教えて」とか、そういう子もいるぐらいだから。そういうぐらいになると、本人たちも、「ああ、自分が持っているものを出していい時期なんだ」って分かってくるので、徐々に。逆に、外国人のセンスを教えながら、それでインターナショナル（スクール）とか通っているんだったらいいですよ。

だけど普通の学校に入れるっていうだけだったり、日本の社会にドンって漬け込んでやらせるっていうんであれば、教えない方がいいのかな、って。あんまり自己主張する、外国人であるっていう、そこだけの自己主張する子になっても、日本の社会の中では今はまだ敬遠されるじゃないですか。

（インタビュー実施日：二〇〇九年三月四日）

インタビューを終えて

エジプト人の両親を持ち、アラビア語が使われる家庭で育ったフィフィさんは、日本の公立小学校から大学まで進まれました。その半生のお話はどの部分も興味深いのですが、印象深かったのは、同じ家庭で育った三姉妹の中でも、言葉についての感じ方が異なるという点でした。アラビア語という

「母語」を身につけてから日本にくるか、日本で「母語」を親から学ぶか、またその親との関係から「言葉を学ぶ」ことに対する気持ちが変わってくるというお話はとても示唆的です。私たちは同じことばを「母語」とする子どもたちを、「その言語を母語とする子どもたち」と一まとまりで考えがちですが、子どもは一人ひとり異なることを心に留めておかなければなりません。

また、日本社会で「外国人」がどのように見られているのかについても、興味深いエピソードを紹介してくださいました。テレビ番組に出演する時、フィフィさんが「カタコトの日本語」を話す外国人を演じるように要求されたこともあったそうです。「外国人」というイメージはメディアの中でも創られていくのです。また、フィフィさんは、ご自身が大学生の時の「就活」のエピソードも、あとで話してくださいました。それは、就職説明会で会社の方に言われた「外国人にお茶くみさせられないもんな」という一言でした。つまり、外国人には日本人と違うことを期待するし、違う才能や技能を持っていれば外国人を雇うという姿勢です。そこには、日本人であれ、外国人であれ、同じ社会の構成員として共に生きていくという発想はないと、フィフィさんには感じられたのです。だからこそ、もし「外国人」が日本の会社に採用されたら、一二〇パーセントの力を出さなければいけないと考えるようになったと話してくださいました。

もうひとつ印象的だったのは、「移動する子ども」へ母語や母文化をどう教えるかという点です。母語や母文化を教えなくても子どもは祖国へ思いを馳せ、強い「愛国心」を持つこともあるということを話してくださいました。いずれも、家族や社会との関係の中で、自分の言葉を選び、自己のアイデンティティを自分なりに形成していくということです。

一人ひとりの子どもの目線で、それぞれの子どもを理解していくことがますます必要なのだなあと、私は改めて思いました。フィフィさん、元気の出るお話、ありがとうございました。

移動する子ども⑨

埼玉で生まれ、イラン語を「使えないハーフ」と語った

長谷川アーリアジャスール

（プロ・サッカー選手）

はせがわ Aria Jasuru　父はイラン人、母は日本人で、日本生まれ。小学校の時からサッカー・チームで活躍し、中学校の時に日本代表チームの候補選手になり、頭角をあらわす。高校時代は、横浜F・マリノスのユースに所属。二〇〇七年よりJ１の横浜F・マリノスに入り、プロのサッカー選手としてスタートした。現在、MF（ミッドフィルダー）として活躍している。

「移動する子ども」で、プロのサッカー選手になった方にぜひお話を伺いたいと思い、横浜F・マリノスにメールを送り、インタビューが実現しました。

インタビューは、横浜みなとみらいにある横浜F・マリノスのクラブハウスで行われました。インタビューの前、アーリア選手は緑の広いピッチでチームメンバーと練習をし、たっぷり汗をかいていました。そのハードな練習が終わって、しばらくしてから、アーリア選手は、ジャージ姿のリラックスした服装で現れました。

身長一八六センチ、体重七〇キロ、日に焼けた精悍な面立ちで、イケメンのサッカー選手。まだ二〇歳ですが、現役のプロフェッショナルのスポーツ選手らしく、落ち着いた態度で、インタビューに答えてくださいました。サッカーをしながら、どのように成長されたのか、その率直な話しぶりをお聞きください。

家庭内言語は日本語

（小さい時、家庭の中で、どんな言葉を使っていたのでしょうか。）

アーリア　まあ、やっぱ日本で生まれたので、もちろんお母さんは日本人ですから日本語でしゃべりますし、お父さんもイランから日本に来て結構長いので、もう日本語もしゃべれますし、肉声の会話は日本語ですね。でも、やっぱり小さい時は、うちのお父さんはイラン語を教えたがっていたんで、僕に。多少イラン語で話しかけて、やっぱり小さい時って、いろいろ吸収するのが早いじゃないですか。で、そういうのもあったと思うんですけど、それでイラン語でちょっと話したりしてたっていうのは聞かされました。

——今、何か単語とか残っているんですか。

アーリア　多少は残っているんですけど。そこまでちゃんと、こういう会話ができるかって言われたら、全然できないですね。だから、そこはちょっと失敗したかな、っていう。その時に覚えていれば、日本語とイラン語、しゃべれたら、結構大きいじゃないですか。そこは、ちょっと悔やまれますね。

イラン語への思い

（イラン語っていうのは、日本語と比べると、どんな言葉なのでしょうか。）

アーリア　全然、意味分かんないですからね。まず字とか右から書きますからね。イランの国から電話が来るんですよ。やっぱりおじいちゃん、おばあちゃんはイランにいるんで、うちのお父さんの。で、うちのお父さんと話しているじゃないですか、イラン語で、電話で。「何言ってんだろうなあ」っていうのは思うんですけど。まあ、何言ってるか分かんないですね。で、それを覚えようと思って一回ちょっと頑張ってみた時期があったんですよ。

――それは何歳ぐらいの時ですか。

アーリア　それは結構物心ついて、中学生とか…。ちょっとお父さんがしゃべっているの気になるし、やっぱ俺もハーフだから「しゃべれた方がいいかな」と思って。なんか辞書みたいのがあるんですけど。それを見てたんですけど、まあ、全部、なんか、アラビア語みたいな感じで書いてあるし。速攻、断念しましたね。

だから、一応、お父さんに聞いたんですよ、いろいろ。「どういうこと言ってるの」とか、「ちょっと勉強しようかなあと思ってるんだけど」って言ってたんですけど。うちのお父さんも教え方が…、俺、中学生だったんでちょっと反抗期でむかついてて、聞く耳を持たずに終わってしまったというか。それは、ちょっと自分としては後悔しますね。「今からやろうかな」と思うんですけど、今、「イラン語よりは英語を勉強した方がいいのかな」っていう思いもありますし。まあ何とも言えずに、今日まできている感じです。

「アーリア」という名前の由来は？

――たとえば、「アーリア」という、お名前の意味とかそんな話もするんですか。

アーリア　一回、そうですね、名前のことについて聞いたことがあって。「『アーリア』ってどういう意味なの」っていう話をしたら……。これ、合ってるか分かんないんですけど、なんかイランにある山の一番頂上に一つだけ咲いている花が、「アーリア」っていう名前だっていうのを聞いたことがあって。あとは、アーリア人って、世界史でいるじゃないですか。そういうところからも来てる。向こうで、「アーリアン」とかそういうのはたぶん多いんですけど、「アーリア」っていうのはなかなかいないみたいなことを聞いて。だから、それでなんかつけたかった、みたいなことを、言ってました。

――「ジャスール」は。

アーリア　ジャスールは、なんか、「戦う」みたいな意味であるっていうのを聞いて。ジャスールっていうのも、まあ、イランでも珍しいみたいなこと言ってて。名前の中にあんまり戦うっていうの入れないじゃないですか、日本でも。だから、俺の場合、長谷川がお母さんの苗字で、アーリアが名前で、お父さんの苗字がジャスールなんですけど。そこはよく質問されますね、「どこが名前でどうなってんの」。今日もファンサービスの時に言われました。「ジャスールは何なんですか」って。

父親は日本語を覚えるのが大変だった

——家庭の中で話された言葉というのは、ほとんど日本語なんですか。

アーリア　ほとんど日本語ですね。

——たとえば、幼稚園とか小学校に行って他のお友だちと遊んだり授業を受けたりしていて、「なんか日本語分からない」なんて思ったことはありませんか。

アーリア　全然ないですね、そういうのは。もう普通に日本人っていう感じですよ。顔だけハーフで、日本で生まれて普通に日本で、っていう。だから日本語はもうバリバリしゃべりますし、ある程度、意味も分かりますし。

うちのお父さんは、すごい苦労したって言ってましたね。「日本に来たの失敗だ」と思っているし。まあ今となっては、俺（のような）、子どもとかできて、「すごいよかった」って言ってますけど。（日本に）来た当時は本当に（日本語を）覚えるのが大変だし、どこへ行ってもしゃべれないし。まあ、英語はちょっとしゃべれるんで、うちのお父さんは。

自分の中のイラン

（自分の中に「イラン」につながるものを感じる時はあるのでしょうか。）

アーリア　そうですね、やっぱ…、ハーフですし、多少なりともイランのことを…。たとえば、ニュースでイランのことやってたりとかしたら、もちろん見ますし。やっぱ「イラン」という言葉が出てくると他の人よりかは反応する、ってことは、自分の中で「イランと日本のハーフなんだな」っていう自覚はあると思うし。少なからず絶対うちのお父さんの血は入っているわけですし、お母さんの血も入っているし。そういう意味では、結構イランのことは、「なんかいろいろ知りたいな」というのは思いますね。

――小学校の時に、お名前は、やっぱり「アーリア　ジャスール」で通っていたんですか。

アーリア　そうですね、アーリアで通っていました。

――小学校の時にカタカナの名前については、どんなふうな気持ちだったんですか。

アーリア　そうですね。けど、小学生とかまだ小さいから、みんなと仲良く別に普通に。もちろんカタカナだからちょっと外人だって思われる。ハーフ。いじめとかはなかったですけど、別に、小学生とかは。普通に仲良くやってましたけど、まあ、「ちょっと普通の人と見る目が違うな」っていうのは感じますし。今でも感じますし。

たとえば、どっか歩いていても、やっぱ、たぶんハーフで背（が）でかいから見られるっていうのは。なんかチラって見られたりとか、そういうのはありますし。やっぱ「目立つな」という印象はあると思うんで。日本に

サッカー少年だったころ

いると、外人歩いていると、「あ、外人いる」みたいな感じになると思うんで。それは小さい頃からずっとそうなんで、そんなに気にしてることもありませんし。だから別に、「自分は人と違うな」って思われていても、そこまで気にするタイプでもないし。「だから、何」みたいな。「別に俺は俺だけど」みたいな。そういう感じだったんで。全然みんなと仲良くしてましたし。そこまでなんか、「嫌だなあ」と思ったことはないですね。

サッカーでの、自分の存在

――それとサッカーって、関係ありますか。

アーリア　いやあ、サッカーはどうですかねえ。もちろんサッカーやってて、対戦チームの相手に外人がいたら、「お、あいつ誰だ、」てみたいになるじゃないですか。もう本当にそんな感じで。「『アーリア』って奴がいる」みたいな感じで思われたと思うんですけど。

俺はそこまで…、普通の人だと思ってたし、一緒にサッカーやってるから、相手チームだろうが味方だろうが、サッカーやっている仲間なんで。全然何も思わず。向こうがどう思ってたか、分かんないですけど。俺の中では、誰一人変わらない感じでしたけど。で、相手チームに外人なんかいると、「お、俺と一緒じゃん」みたいな感じで。「ちょっと仲良くなろうかな」としゃべったりとか、「どこのハーフ?」とか。そういう話は結構しますね。

――プロになりたいと思われたのはいつぐらいからですか。

アーリア　中学校三年生ぐらいですかね。そのぐらいで一回（日本チームの）代表候補に入ったんですけど。その時に、やっぱ、「高いところでやりたいな」っていう思いもあったし。で、高校でマリノスのユースに入って。またより一層…。プロの下でやるんですから、たまにプロの練習、行ってたりもしましたし。そういうのもあって、やっぱ「サッカー選手になりたいな」っていうのは思いましたね。

（その時、ご両親の反応はどうだったのでしょうか。）

アーリア　そうですね。小学校四年生からサッカーやって。小学校、卒業して、「中学でもサッカーやりたい」って言って。最初（浦和）レッズのセレクションを受けたんですけど、それで落ちて。で、親が地元のチームに入れてくれて。そこでいいコーチと、監督とめぐり会ったというか。その時の監督はサッカーで、前にプロだったんですけど、いろんな話を聞いて、そこでまた三年間頑張って。

で、そこからまた今度高校で、埼玉出身なのに横浜で寮生活をし、っていう。まあ、お金の面だったり、俺がサッカーやりたいっていうことをずっと見守っていてくれたんですから。そういう意味では、やっぱ、プロになって親には感謝してるし、何かしらの形で返しているつもりではいるんですけどね。

「のびのびとサッカーに集中できる環境を作ってくれたのかな」っていうのは思います。それがあるからこそ、今ここにいるわけですし、今の自分がいると思っているんで。別にそれはハーフだからっていうわけでもないですし。うちのお父さんがサッカーやってたんで。
――サッカーやってたというのは、どういう…。
アーリア　イランでサッカーやってたんです。
――サッカーの選手だったんですか。
アーリア　選手…、いくかいかないかぐらいだったんですけど。

「自分は自分だ」

（アーリア選手は自分を「ハーフ」といいます。自分がどういう人間だろうと考えたり悩んだりすることはなかったのでしょうか。）

アーリア　悩まないですね。まあ何かにこう打ち込んでいる自分がいまして、サッカーっていうものに対して。それがなかったら何してたかっていうのも分かりませんし。それなりになんか揺らいでたかもしれないですけど、気持ちとか。やっぱ一つのことに対してやるってことは、すごい楽しいし、やりがいがあるし。そういうものを早く見つけて自分はやってたんで。そこまでなんか…。
――悩んでいる子が他にいたとして、アドバイスをするとしたら、どうしますか。
アーリア　どういう悩みでしたっけ。
――たとえば、自分は一体、日本人なのかイラン人なのかとか。自分はどっちの人間だろうって悩んでいるとか。

アーリア　自分はどっちの人間っていうよりも、「自分は自分だ」っていう。人に何言われようと、「別に俺のやりたいことをやるし」っていう自分のこの意志を、やっぱ、一番最初に持つことが大事だと思いますね。たとえば、「自分は日本人なのかな、いや、けど、お父さんイラン人だしイラン人なのかな」って悩んでる…。そこで悩む必要はないと思うし。もう事実なわけですから。お母さんが日本人でお父さんがイラン人。で、俺はハーフ。そういうの最初の小さい頃は気にかかるかもしれないですけど、それをちゃんと受け止めて。「それだから、他の人たちと違う」っていう考えでもないから。一人の人間としてはみんな平等なわけですから。そこはもう好きにやっていいと思いますね。

「使えないハーフ」

（では、「ハーフ」とイランの言葉は、どういう関係なのでしょうか。）

アーリア　やっぱハーフ…。最初に見て、分かるかもしれないけどハーフじゃないですか。ハーフだったら、「どことハーフ?」って聞くじゃないですか。で、日本とイランってなるじゃないですか。で、「イラン語しゃべれるの?」って、まずなるんですよ、流れ的には。そこで「日本語しゃべれるの?」は、もう日本語しゃべってるから当たり前じゃないですか。そのもう一つの「ハーフの国の言葉をしゃべれる?」っていうのを聞かれて、そこで「しゃべれない」って言うのもなんか恥ずかしいじゃないですか、逆に。

自分はハーフなのに日本語しかしゃべれない。お父さんのイラン語はしゃべれない。そこはなんか自分の中で「恥ずかしい」と思ってたんで、勉強しようかなと思ったんですよ。けど、それで勉強しなかったんで、今はもう、本当しゃべれない「ただの使えないハーフなんだよ」みたいな感じで、笑いながら言いますけど。

自分の中ではやっぱ、そういうふうに言われることが多いので。「いつか絶対、イラン語をマスターしてペラペラになりたいな」っていうのは、気持ちはあるんですけど。なかなかその一歩が踏み出せないっていう。

――イランへ行かれたことはあるんですか。

アーリア　まあ今度、たとえばマリノスのオフとかあったら、親と一緒に絶対一度は行ってみたいし。親の住んでたところに行って、「お父さんはこういう環境の中で」とか、「こういう家で育ったんだな」っていうのを見たいですし。お父さんの思い出の場所とかっていうのを、やっぱ行きたいですね。まあ、普通の人でイランに行きたいっていう人がいるか分かんないですけど、日本人が「イランに行きたい」っていうのと、俺が「イランに行きたい」っていう思いってのは、全く別のものだと思うし。やっぱ、親がイラン人っていうのもあるから。そういう意味では普通に楽しんで行きたいと思うんですけどね。

親の言葉をしゃべれた方が得

（親の言葉は、話せる方がいいと思われますか。）

アーリア　思いますね。大抵しゃべれるんじゃないですか、どっかのハーフだったら。たとえば、中国のハーフだったら中国語しゃべれる人は…。どうですか、みんなしゃべれないんですか。

別にしゃべれないからどうというわけじゃないですけど、しゃべれた方が、絶対、得すると思うんですよ。最初から、生まれた時点でもう日本とイランの（言葉を）しゃべれるような環境があるわけじゃないですか、他の人に比べたら。（だから）覚えていないというのは、もったいないじゃないですか。「そこで覚えてたら」という思いもありますし。

けど、また「それがイラン語かよ」っていうのは思ったことありますけどね。アメリカとかだったら英語でどこでも共通じゃないですか。でも、また「それも面白いんじゃないかな」というふうに考えれば。誰もイラン語なんて別に覚えようと思わないじゃないですか。（そこで）イラン語、覚えたら、もしかしたらサッカーを辞めた時にそういう仕事だってあるかもしれないし。広がるわけじゃないですか。そういうのを考えると、「ちょっと勉強しようかな」っていうのもありますけど。なかなか。

サッカー選手としてのこれからの夢

（アーリア選手は、横浜F・マリノスに入って二年目。これからどんなプロのサッカー選手を目指すのでしょうか。）

アーリア　そうですね、頑張らないと。まあ、いろんなことがあるとは思うんですよ、これからも、人生。けど、それを乗り越えたらまた新しい自分がいると思うし。一個上に行けると思うんで。そういう意味では、「そこから逃げずに頑張っていこうかな」というのは思います。もちろんいろんな人からサポートされて、自分が調子悪い時はいろんな人に話したりとか、そういう周りの助けがあるから乗り越えられたことだと思うし。自分一人だけの力じゃないというのは、もちろんもう分かってる。そういうのも、もし誰かがこうなってたら声かけてあげたりとかいうのも、自分の経験からそうできますし。そういう意味では、「もっともっとレベルアップしていきたいな」というのはあります。

（将来は？）

アーリア　そうですね…。とりあえず今マリノスにいるので、しっかりマリノスで結果を出して。で、それなりの結果を出すことによって日本代表に選ばれることもあると思いますし。最終的には海外で、サッカーもちろんやりたいと思ってるんで。

そういう意味で今しっかりと準備というか基礎のことをしっかりやって、試合に出たり勝ったりすれば、「アーリアってどういう人？」ってなったり、「イランと日本のハーフ」っていったら、またイランの名前も上がってくると思うし、知名度も高くなると思うんで。そういう意味で、いい意味で、日本とイランを…、自分が活躍することによって出ると思うから。まずは結果を出して、自分が活躍してそういうところをどんどん知名度を上げていって、「イランは、本当はこういう国なんだ」ってみんな分かってもらえれば。それが一番理想ですね。

（インタビュー実施日：二〇〇九年三月一〇日）

インタビューを終えて

プロのスポーツ選手にインタビューするのは、私にとって初めての経験でした。それにサッカーのことではなく、「言葉」というテーマのインタビューでしたので、どうなるかと心配していましたが、お話を伺って感じたのは、どんな分野でもどんな仕事でも、プロの方は、他の人がなんと言おうと、「自分はこれだ」というゆるぎない自信のようなものを持っているんだなあということでした。

アーリア選手の場合、自分のやりたいこと、自分のやるべきことを、しっかり自覚しておられるという印象を受けました。その例は、インタビューの中で、「ハーフ」という言い方に関連して、「自分はどういう人間だろうと悩む子に、何かアドバイスを」というお願いをした時、アーリア選手は「どういう悩みでしたっけ？」と私の言ったことを一瞬、見失ってしまいました。つまり、アーリア選手は、そんな悩みよりも、自分のやりたいこと、自分のやるべきことをしっかり見つめ、そのことに専念する生き方をしてこられたのだろうと思いました。

アーリア選手は、小さい時にお父さまの言葉に触れながら、成長されました。お父さまはイランの言葉、たぶんペルシャ語と思われる言葉をアーリア少年に教えようとされたし、アーリア選手自身も中学生の時にその言葉を勉強しようと思った時期もあったようです。でも、話せるほどにペルシャ語を習得できなかった。そのことを「ちょっと後悔している」とも言われます。その気持ちも含めて、「使えないハーフ」とご自身のことを説明されたのは、「ハーフはバイリンガル」という、日本社会の一般の見方と関係しているのでしょう。

親の言葉を話せないことが子どものアイデンティティ形成に否定的に影響を与えるのではないかという意見も聞かれます。しかし、アーリア選手の場合、いつかイランに行き、お父さんがどんなところで育ったのかを見てみたいとか、ご自身がサッカーで活躍することでイランの知名度を上げたいと言われます。その様子から、言葉以外のものがアーリア選手を形成していると私は感じました。

またアーリア選手は、子どもの頃からサッカーに専念できる環境を整えてくれた両親に感謝していると話しておられました。「アーリアジャスール」というカタカナの名前についての語りからも、お父さまの故郷につながる誇りを感じておられる様子が窺えました。アーリア選手にとってのサッカーは、ご自身の自己形成にとても大きな位置を占めているでしょうし、それを可能にした家族のサポートも大きかったと思われます。

言葉の力や言葉についての気持ちというのは、まさに人や家族とのつながりによって育まれるものだなあと、インタビューを終えて、改めて思いました。プロのサッカー選手としてのご活躍を祈っています。

移動する子ども⑩

神戸で生まれ、「ベトナム語は話さんといて」と親に言った

NAM

（音楽家・ラッパー）

J.《ジエー》 **NAM**《ナム》 **MC**《エムシー》 神戸市で生まれた。両親はベトナム出身で、一九八〇年代に「ベトナム難民」＊として来日した。現在、NAMさんは、神戸で、自ら作詞作曲をし、ラッパーとしての音楽活動をしている。

注＊　一九七五年に、「南ベトナム」が「北ベトナム」との戦争に敗れ、現在のベトナム社会主義共和国に統一された時、その社会主義の思想を嫌い、多くのベトナム人が「自由」と「安全」を求めて、ボートでベトナムを出国した。それらの「ボートピープル」を国際社会は「ベトナム難民」と呼んだ。日本にはこれまで一万人近い「ベトナム難民」が定住している。

ＮＡＭさんに会うために、私は神戸市長田区に向かいました。長田区は、ベトナム系住民が千人ほど集住する地区です。私は以前、ＮＡＭさんが自作のラップ、「オレの歌」を歌うのを聞き、いつか話を聞きたいと思いました。

インタビューは、カトリック鷹取教会の敷地内にある「たかとりコミュニティセンター」の建物の中で行われました。二〇数年前に、当時、大学院生だった私は、この教会内にあった土曜学校でベトナムの子どもたちに勉強を教えるボランティアをしていました。

その頃に生まれたＮＡＭさんは、現在、二一歳。「ベトナム難民」が多数居住するコミュニティで成長したＮＡＭさんがどうしてラップを歌うようになったのか。私は、その思いを聞きたいと思いました。

ＮＡＭさんの語りは、地元の「長田弁」でした。それ自体がすでにラップのような生き生きとした響きがありました。

「ベトナム語って、嫌や！」

――小さい時は家の中でどんな感じで過ごしてたんですか。

NAM　小さい時はベトナム語、しゃべってた。姉ちゃんとかも、みんなしゃべってて、僕もちっちゃい頃から、(ベトナム語を) 言われてたんでしゃべってたんですけど、なんか、そうですね、保育所、行ったら日本語しゃべるし、家帰ったらベトナム語飛んでるし。で、ベトナム語しゃべってた自分がいたけど、なんか主に日本語、使うようになってきた。成長するにつれてこう日本語、使うようになってきて、まあ、家でもベトナム語は嫌やな、ってなってきたんですよ。

――何で嫌になった？

NAM　何ででですかね。なんかやっぱり、うーん、保育所でも小学校とかでもやっぱりこう、なんか親が学校、来た時にしゃべってくる、ベトナム語で。僕は周り友だちもいるのにベトナム語でしゃべってくるから、それだとなんか友だちの方がメッチャ「え、変ちゃう」みたいな。「何しゃべっとん(しゃべっているの)？」とか。そういうのを聞かれるのがメッチャ嫌やったから、「とりあえずベトナム語、しゃべらんといて」とか言って。で、日本語しゃべっても日本語も片言やし、なんか(友だちが)「おい、片言やん、おかしいな」って言って。たぶん友だちとかそういうのに耳向けたり、ちっちゃかったらそういうとこ、ちょっと敏感やったりすると思うんで。そん時ぐらいから、もう「ベトナム語、嫌や」と思って。しゃべらんといてほしいし、友だちの前でもしゃべらんといてほしかったし。

――「嫌や」っていうのは、別な言い方するとどういうことなんだろうね。

NAM　うーん。しゃべりたくないし、「嫌や」、なんかこう注目受けるのが嫌やったんです。「ベトナム人」って。注目受けるのが嫌やったかな。なんかそこですかね。別に普通に、普通の日本人とかと一緒のように、授業を受けさしてほしいし、なんか普通に接してほしいけど、やっぱり今思ったら、ベトナムから来た難民の子どもとしてやっぱ先生もそう見てるし、どうやって育つんかなとか、気になるところだけど、俺的には周りの子と一緒のようにしてほしかった、かな。それが嫌やったかも。

（そういう気持ちは、何歳ぐらいから出てくるのでしょうか。）

NAM　難しいですね。もう小学校一年生の時の自己紹介、「はじめまして、〇〇保育所から来ました」っていうのでも名前がカタカナで、で、僕の場合はなんかちょっと長いんですよ、名前が。だから、それをとか。もうその時点で恥ずかしかったです。

だから、「自己紹介せえ」って言われてますけど、絶対、黒板の前に立たされて、でも、嫌やったんですよ。で、ちっちゃい声でこう「ブ・ハ・ビェト・ニャト・ホアイ・ナムです、よろしくお願いします」とか言ったり。そん時は、ほんま嫌やったですね。

――保育所に行ってる時は、同じような気持ちはあったんですか？

NAM　なかったです。楽しかったです。楽しかったし、みんな別に「NAM」って呼ばれても普通やったし、メッチャ仲良かったしね。普通にただ足が速いみたいな。「ほんなら、かけっこ勝負しよう」「負けたら悔しい、もう帰ろう」みたいな。そういうような感じやったんで、保育所の時は。なんか活発で元気な、普通です、ほんまに。小学校かな、入りたてで、小学校ぐらいから、なんか思うようになってきたんちゃうかな。

「ベトナム語教室」は、面白くなかった

（小学校の勉強で、日本語の難しさを感じることはなかったのでしょうか。）

NAM　別になかったです。算数とか、そういう苦手なことはやっぱり「難しいなぁ」って思ったけど、普通に日本語を覚える分に関しては「あいうえお」から始まって、で、敬語とかも、敬語は僕、今でもうまく使えないんですけど、とか。

あと、そうですね、普通に日本語、覚えにくかったところはないですね。ただその、小学校、行って、日本語とか普通に学校行って、通って学ぶけど、やっぱ「ベトナム語を覚えなさい」っていうのがあって、週に一回くらいベトナム語の教室というのがこの鷹取教会で昔からやってるんですけど、僕もそれ何度かオカンに「行け、行け」言われてて。

で、行ったら行ったでなんか面白くないんですよ。「ベトナム語を覚えなアカンのか」みたいな。面白くないから、まあそういう同じような子らも集まってするんですけど、やっぱ日本語で会話したり、ベトナム語の教科書みたいな（のが）あってやらされても覚えないし、やらされてるっていう感

がある、自分からやろうじゃないし、（学ぼうと）全然思わなかったり。どちらかというと、ベトナム語教室、行くんが嫌やったかな。

（では、家庭で親が使うベトナム語の意味は分かっていたのでしょうか。）

NAM 意味はだいたい。ちっちゃい頃からなんかニュアンスとか、もう「お風呂入りなさい」とか「歯磨きしなさい」とかはもう毎日言われる。そう言うので、「毎日、言うな」みたいな。んで、分かってくるのかな。「風呂入れって言ったな、今の」なんか。「ご飯残すなって言ったな」とか。

そんなんとか聞けるようになって、で、日本語で返すようになってきて、ベトナム語、聞けるけど、日本語で返すから、ベトナム語しゃべれなくなってしまって、それでですね。

――小さい時からベトナム語を分かっていたけれども、言葉は出なかった。

NAM そうです、出ないっていうか、出さないっていうか。出さないっていうのもあるし。

――何で出さないの？

NAM やっぱなんかこう、ベトナム語しゃべる自分が嫌やったり、面倒くさいというのもあったのかな。その、ベトナム語をしゃべるのが面倒くさい。日本語で返す、すぐ返せる、（ベトナム語は）いちいち考えなアカンし、というのもあったし。

――ベトナム語の教室で、普段話している言葉がベトナムの文字として、出てくるじゃないですか。

NAM いや、そんな感じじゃないです。もう分からないです。読む分に関しては、まだやっぱり教えてもらってないし、毎日聞くけど、文字は見てないから、発音も分からん、見て、これをどういう発音で言ったらいいんかとか、全然分かんなかった。

そのへんとか、「勉強したくないわ」みたいな。なんか「ちょっと面倒くさいな」っていうのがあったと思います。

中学校で、名前を変える

（中学に入った頃、NAMさんは、ベトナム名から日本名（通名）を使うようになりました。その様子を次のように説明してくれました）

――中学校の時に日本名を使ってたと言ってたでしょう？　それ、自分で作ったの？

NAM　自分で、いや、苗字は、オカンとオトンが決めて、下の名前は「自分、好きに決めなさい」みたいになったから、お姉ちゃんとかと一緒に相談してみんなで、決めました。

（そこでできたのが「フクヤマ　ショウ」という通名でした。その名前を学校で使う時はどうだったのでしょう。）

NAM　ああ、そうですね。小学校から（中学校に）上がるんで「NAM」って名前、知ってる奴いるじゃないですか。で、もう一コの小学校（から中学に入る子）は知らないじゃないですか。僕はその小学校（の子）には「ショウ」で会うけど、僕の育った小学校では「NAM」って呼ばれる。だからもう、名前変えた瞬間に「うわ、『NAM』と『ショウ』がおる」みたいな。こいつらは「NAM」って言うけど、こいつらは「ショウ」って言う。俺はもうどっちか片方にしたかった。「二つとも呼ぶな」みたいな。だからもうほんま、日本名に変えたから（友だちが）「NAM」って言ったら「誰やねん、そいつ」とかって言ったり、「『ショウ』って呼べ」って言ったり。で、まあ、一年間くらい頑張って、それを言い続けてたら、中学校二年ぐらいではみんな「ショウ」「ショウ」「ショウ」って呼んでくれるようになって、そっからぐらいかな。「俺は『ショウ』や」みたいな。「『ショウ』になったわ」みたいな。「やった！」って感じ。

中学で進路を悩む

（NAMさんは、中学時代、好きな科目は体育ぐらいで、三時間目に体育があったら三時間目から登校するような生徒だったそうです。では、その頃、自分の進路についてどう考えていたのでしょうか。）

NAM　進学とかの時にやっぱ悩むんが、やっぱり、こう、高校の私学公立でお金がちゃう（違う）みたいな。勉強したら公立行けるけど、でも、俺、勉強嫌やしなぁ、と思ってて。で、まあ私立やと入れるかな、頑張ったら入れるって先生も言うし。でも、私立やったらお金一〇〇万円ちょいかかって、家にはたぶんそんな余裕もないだろうって思ってたし、勝手に。だから中二くらいで進路をもう決めてたんですね。自分自身、決めてた。決まってはなかったんですけど。たぶん、高校、ええ高校には行かれへんだろうと、行けても夜間（高校）とかちゃうかな、と思ってて。まあ、夜間、行ったんですけど。一か月で辞めちゃって、夜間も。

（NAMさんは、定時制高校一年生のとき、友だちとの喧嘩やバイクの窃盗などで、学校から無期停学を言い渡され、結局「自主退学」したそうです。そして、その頃、ラップに出会いました。そのきっかけは？）

ラップとの出会い

NAM　きっかけは、あの地元の先輩、二コ、上くらいの先輩がラップしてて。

――それはベトナムの人？

NAM　いえ、それは日本の人なんですけど。それをなんか同級生の友だちと普通にそういう格好をするのが好きやって、カラオケ行って、そのテレビでのラップを真似して歌ったりとかが、するのが好きやって、で、「いつか俺らもこう自分で作ってさ、歌おうぜ！」みたいな話をしてたんですよ。「カッコええなぁ、自分で作れるかな」みたいな。何も知らんから。

そんな感じやった時にその人と会って、「俺ら、知っとうで」とか、「ラップ作っとうで」とかって言って、「どうやって作るんすか」って聞いて、「とりあえず、今

小学生のころ

度、サンノミヤ、来いよ」みたいな。あの神戸三宮ってとこに、僕、行ったんですよ。ほんなら、なんかこう、音楽出して、外でね、で、タンテーブルを、路上で、で、マイク、バーって渡されて、「歌え」って。

「へえー、何、歌うんすか」「何でもええから歌え、即興や」って言われて、「何でもええから歌うん？　何を、何、歌ったらええんやろう」と。で、そこにパッと、やっぱり、そん時に、こう、自分ベトナム人やから「ベトナム人」っていうのが頭に出てきたんですけど、それは隠そうと思って。それ、隠そうと思って、でも、なんか「歌、歌え」って言われるからなんか歌おうと思って。じゃあ、もう歌うこと、目に見えることしかなかったから、とりあえず、「こう歌うんかな」と思ってた。

ほんなら後々、その何だろ、いつもこうマイク持って、フリースタイル、即興、歌う時にどっかなんかベトナム人を隠そうと、自分が、こう、戦ってるんすよ、言うたら。歌ったらバレルみたいな。口、滑らしたら、バレルみたいな。でも、うまく、こう、即興しないといけない。これってすごく難しいんです。だから、このままやったら俺一生、いつまでも素直なラップができないというか、そのまま、自分のそのままのラップができへんやんと思って。

歌に自分のルーツを入れて

（そこで、NAMさんは自分のルーツを歌にすることにしたのです。そのため、母親《オカン》にどうしてボートで祖国ベトナムを脱出したのかを尋ねました。その歌が生まれた瞬間を、NAMさんは、「面白かったす、メッチャ」と話す。）

NAM　こう、昔なんかオカンが船で来たと、ベトナム、「何でベトナム人なんやろ」とか思い出して、で、船で来たって昔、言われた記憶があるから聞いたんすよ、オカンに。で、「何で船で、オカン、船で来たっと言っとたやろ、な。何で来たん？」「じゃあ、なんか聞きたい？」って言われて、「聞きたい」って言ったら、話してくれたんすよ。ほんなメッチャ「おおっ、スゲーなぁ」って。僕が質問するごとね、全部こう正確に言ってくれるんすよ。ほんな「船の上、人こんだけおって」みたいな。ほんで、この日にちで逃げてきて、二一日間で逃げてきて、で、三日目で貨物船（に）見つかって、みたいな。隠れて乗って、日本（に）着いて、みたいな。「おっ、スッゴイ！」みたいな思って、初めて。「俺が生まれたその前に、こういうことがあったんや！」と思って。これはなんかネタというか、俺的にはもう歌詞、書いた時やから、「ネタやん！」と思って。「いける！」と思って。

パッて、オカンに言われたことを、こう、自分なりに整理して一番って書いたんすけど。一番はなんか足りないと、で、二番作ろうと思って。で、ちょうど二番は、やっぱその自分がベトナム人やったっていうことを隠してることを全部言おうと思って。で、お母さんから話、聞いたことと、僕の、この、今まで隠してきたベトナム人っていうことを書いて、一番と二番で『オレの歌』作ったんすけど。

（では、その歌の歌詞を見てみましょう）

『オレの歌』

J・NAM MC

一本の線は切れてるぜ　日本　どこの国も戦争　1・9・6・0
75年に終了した戦後　いかした先祖の昔話
小さな船に47人　周りを見渡せば水平線にノーパスポート
合図を確認　慌てず船出す　国と国の領海　見つかれば即　即死
生きるか死ぬか　生と死のはさ間　パパとママの船は逃げ出した三日後
水平線に黒船　服脱げ手を振れ　助けてくれた貨物船の行く先へ
マレーシア　シンガポール　インドネシア　ジャパン
ラオス　カンボジア　ベトナム　インドシナ
船が逃げ出してから21日間　不安と希望が　まず初上陸したのは
長崎　次の行き先　四国　姫路　神戸　長田で生まれた長男3番目
じいちゃん、ばあちゃん聞いてくれ　昭和62年　大声出してでてきたぜ　この世に
鉄砲玉一つ使わず勝ち取った部族　生き残りの賭けを勝ち取った民族
感謝する戦争を生き抜いたじいちゃんに　有難う死なずに海を越えてくれたことに

ナナーナーナナナホアイナム　オレは向かい風を歩くベトナム少年
知らなかったぜマイライフ　始まりはボートピープル　×2

オレの名前はVu Ha Viet Nhat Hoai Namパパとママと越南と日本とマイネーム
中学　入学で名を翔と書く　ベトナム人が嫌で為りきったジャパニーズ
日本名にこの顔　誰も分かりやしない　只、素性がばれるのが嫌で嫌でたまらない
Bボーイに惹かれて　買った服はでかめ　日本人ラッパー真似して　俺もなったラッパー
ある日気付いた名前もラップも真似ばっか　逃げ回ってばかり　ベトナムを隠し
ある日気付かされた　俺はナムなんだと前進　その日から日本に住むベトナム人ラッパー
だが日本人になりきりすぎて　大切な母国語を話さなくなったー
母国に帰ってても俺は日本人だと言われる　この国で生きる大変さ知りもしないで
オレ達が裕福だと思っていやがる　金がない　どうする？　物取る　捕まる
国籍ない　行き場ない　一生出れない　保険ない　仕事無い　病気さえもできない
正式に国籍が無い人がいっぱい　オレが何人だろと一体構わない
流れてる血は日本より西のものだから　だからオレはオレの事をオレの歌で証明

ナナーナーナナナホアイナム　オレは向かい風を歩くベトナム少年

知らなかったぜマイライフ　始まりはボートピープル　×2

©2005 MC NAM

（この歌ができた時の気持ちは、どんなだったのでしょう。それを聞くと……）

NAM　できた後はなんかもう恥じらいとか、恥ずかしさとかの方がたくさんあって。歌う時も恥ずかしかったし、歌った後も恥ずかしかったし。やっぱベトナム人って知ったみんなは、どういう反応、取るんかな、みたいな。とかで、ハラハラしたり。始めの方はそういう気持ちばっかしやったんですけど、何回か、ほんま、歌い続けていくうちに「おお、なんか気持ち良くなってきた」「オオ」みたいな、歌ってなんかみんな共感じゃないけど、共感してくれてるんかな、なんか分かってくれてるみたいな、俺の言っとうこと。俺が悩んでたことをみんな何でこんなよく理解してくれるんや、って思ってたら、今ベトナムの子どもたちがいっぱいで、で、小学校とか中学校にもいて、NAMさんのようなコンプレックスがある、っていうところもあるし、そういうのがこう見えてきてさ、で、「おお、なんかスゴイな」って。「作ってよかったな」って思い出しました。

自分のルーツを探し、ベトナムに留学

（NAMさんは、小さい時から、何度か、家族とともにベトナムへ一時帰国したことがありました。だから、ベトナムへ行くと「懐かしい感じがする」と言います。そこへ、一年間行こう

と思ったきっかけを聞いてみました。）

NAM　それは一九ぐらいの時に、ベトナム人なのにベトナム語を知らないっていうのをメッチャ恥ずかしく思い出すようになって。なんでそう思い出すようになったかと言ったら、ラップがきっかけなんですよ。そのラップを歌うようになって、曲作って、自分で、「一曲作れ、二曲作れ」って頑張って作ってってって、歌うようになったんですけど、どうもね、なんか、あんましかっこよくないし、面白くないみたいな曲ばっかしで。何なんやろって思って。で、ずっと歌詞、書いてるうちに考えてたら「俺、今まで日本人、日本人として中学校から入って、日本人として振舞ってきたことがあって、まあ、そういうことを隠してた。隠してるし、今でもベトナム人って言ってない友だちがメッチャおるなぁ」って思って。で、「これは言わなアカン」とは思ってなかったんですけど、まだ。

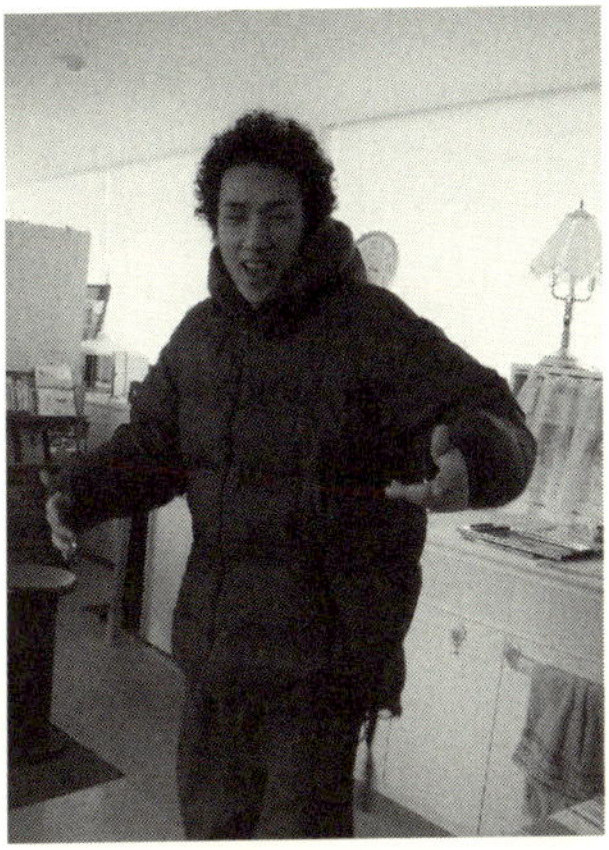

でも、そういう歌詞を書いたらどうなるんかて思って。自分が今、隠してることをラップにするみたいな。「これ、なんかリアルやんけん」みたいな。今まで書いてきたのなんか、街見て、風景見て、思ったこと書いたけど、なんかあんま締まらんみたいな、なんかパッとこん。でも、今回考えるやつはなんか「メチャ、リアルやん」みたいな。「ほんまの話やんけ」みたいな。これって歌、これが歌なんかなとか思って。で、まあ、それ書いて、歌おうと思ったんですけど、

やっぱ歌うんと、隠しとう（隠している）のをバラスみたいな。メッチャ、歌うことに勇気がいて。それは本当に勇気出して歌ったっていう感じです。

（そのように歌を作りながら、NAMさんはベトナム行きを考え始めます。それも、自分で考え、実行したそうです。）

NAM　そうですね、自分から。「行こう」と思って、「ベトナム語を勉強しに行こう、日本でおったらベトナム語うまくならん」って自分で行こうと思って。で、お金もなかったから仕事して貯めて行ったんすけど。

（ベトナムでは実際にベトナム語を教える専門大学に通い、ベトナム語を勉強したそうです。子どもの頃、ベトナム語教室ではベトナム語を覚えられなかったと言われましたが、どうだったのでしょうか。）

NAM　あ、難しかったですね、やっぱり。やっぱりなんかこう勉強するってなって、いざ勉強してみたら、「俺、なんか知っとうけど、もっと勉強しとったらよかった」とか思ったりもするし。けど、なんか意外とこの年になって勉強してみたらすんなり頭に入ってくるみたいな。やっぱり「自分がしたい」と思ったことはするみたいな。書く、読む、で、覚えるという。

――向こうに行ったら朝から晩までずっとベトナム語を使っていましたか。

NAM　そうすね、もうベトナム人しかいないので。だから、ベトナム語ばっか話して、ベトナム語をしゃべるとなんか、こう、うまくなっていく自分が分かるから。スゴイ、親戚の人ともしゃべるし、外に行ったら、そこで遊んどうやつとか子どもとかとしゃべってみて、子どもの発音を聞いて真似してみたりとかして勉強してたら、メチャすごく早く覚えられました。

——ベトナム語がうまくなって、また自分のことを考えたんですか。

NAM　そうですね。

——やっぱり自分の中にベトナムのものがいっぱい入ってるなという感じですか。

NAM　はい、メチャメチャありました。なんかやっぱ向こう行って、「自分ってベトナム人なんや」とか思うようになったり、ほんまに。でも、「日本で育ってるんや」みたいな。だから、やっぱ違いがあったり、その違いがあった時にそう思ったりするんです。

——たとえば？

NAM　うーん、なんか考え方かな。ちょっと考え方がちゃうかったり（違ったり）、まあ、なんか現地のベトナム人の人にベトナム人らしさを学んだりする分もあったり。「ああ、こんなふうにやるんだ」って。でも、なんか懐かしいし、「ああ、俺にもできそう」みたいな感じとか。

（では、ベトナムの人は、NAMさんをどう見たのでしょうか。）

NAM　その周りの人らが、目についたら「あいつ、ちょっと日本人みたいやな」みたいな、言われたり。直接、「お前、日本人やわ」とか。「いや、俺は一〇〇％ベトナム人やで」って言うんすけど、「いや、日本人やわ」言われたり。「そっか、俺、日本人。ベトナム人に日本人って言われるんや」と思って。「そうかぁ」と。ベトナムにいたら「日本人」、日本に帰ったら「ベトナム人」と言われるし。

ベトナムでラップを歌って、そして日本で歌ってみて、

——向こうでラップは作らなかった?

NAM　向こうでラップは作りましたよ。ベトナム語で。それで向こうの人に聞かして。

——うまくいきましたか。

NAM　うまくいきました。結構、この『オレの歌』のベトナム語バージョンがちゃんと、ちゃんとは全部訳してないんですけど、まあ、ある程度訳して。その歌もタイトルは『オレは日本人根はベトナム』っていうタイトルなんですけど、一番が「Xin chào. Tôi tên là…… (こんにちは、俺の名前はホアイ・NAM)」で、二番が「Xin chào. Tôi tên là Fukuyama Sho. (こんにちは、俺の名前はフクヤマ・ショウ)」。で、一番と二番でベトナム人/日本人で分けて歌ってみたら、向こうの人も「これ、おもろいやん。これ、勝てる歌詞ないで」とか言われて。

(では、ベトナムから神戸に帰ってから、ベトナム語でラップを歌うことがあるのでしょうか。)

NAM　ベトナム関係のイベントとか、そういう時はいつもベトナム語でやってみたり。教会で昔から知ってるみんな、顔見知りのおじさんとかおばさんたちが「おお、あの子、ベトナム語しゃべらん子やったのに。いきなし、ベトナムから帰ってきて、ベトナム語のラップを歌うようなった」みたい

な。「びっくりしてもらった」感じ。時々やります。

今後の活躍について

NAM　これからは、そうですね。なんかベトナム関係のイベントに確実に出れるように、歌で。あとは、できないと思うんすけど、テレビ出たりとかして、なんか影響力あるようなことが言えたらな、って思いますね。

（インタビュー実施日：二〇〇九年二月一九日）

インタビューを終えて

インタビューが終わってから、「ラップを歌って」という私のリクエストに、NAMさんは少しハニカミながら、即興で歌ってくれました。それはインタビューで話してくれた「話し方」に自然にメロディーがついたような形で、私は、思わず、引き込まれてしまいました。その時、ラップは一つの立派な表現様式なんだと改めて実感しました。

NAMさんは、小学校に入学した頃、「ベトナム語は嫌や」という感情が芽生えたと話してくれました。それは、親が学校に来て話すベトナム語や日本語から、周りの友だちがNAMさんに向けたまなざしを、NAMさんが敏感に感じていたからでした。また自己紹介などで、黒板の前に立たされて言わなければならない自分の名前も、その感情につながっていたのでしょう。保育所では何も悩まず元気に遊んでいた子どもが、小学校に入学して「二次的なことば」(社会的な関係を理解し、使うことば)を身につけていく過程は、子どもたちの意識を変化させる過程でもあることをNAMさんの例は示しています。

NAMさんが中学校に入って、日本名(通名)を作ったり、それを使い始める時の様子やその感情も貴重な証言です。進路でも悩みながら、定時制高校に通い、そして中退するNAMさんが、ラップに出会う瞬間は、その後の生き方を考えるきっかけになりました。難民二世の生い立ち、自分の本当の姿は何かを歌に込める気概は、人が一人の人間としてどう生きるかを真摯に考える姿でした。

その中で、小学校時代には親に言われていやいやベトナム語教室に通ったNAMさんでしたが、母語であるベトナム語を振り返り、ベトナム語を話せないベトナム人はおかしいと疑問を持ち、ベトナム留学を決意します。

しかし、ベトナムへ行けば、日本人と呼ばれ、日本に帰れば、ベトナム人と呼ばれる自分の姿に、「俺はナムなんだ」「オレが何人だろうと構わない」と歌う姿が重なります。NAMさんは、現在は、ベトナム名と通名を適宜、使い分けていると話してくれました。将来は、日本国籍をとることも考えているという話していましたが、それは「俺はナムなんだ」ということと矛盾するわけではありません。インドシナ難民（ベトナム、ラオス、カンボジアの難民）が、「海外に出るのに便利だから」と帰化の理由を述べるのは、よく聞かれます。つまり、国籍と自分のアイデンティティは、別の次元の話であるということです。

また、NAMさんは、中学の頃の自分自身を振り返って、やんちゃなことをして、親に心配をかける「ゴンタ」だったといいます。「ゴンタ」というのは、関西の方言で、「悪がき」を意味します。そんな「ゴンタ」だったNAMさんが、今、音楽に夢中になっています。その変化を話題にすると、NAMさんは、次のように言います。

「やっぱエネルギーをどっかうまいこと使ってたら、はい。変に使わず。自分のやりたいことに使って。したらね、たぶんいいと思う。」

さらに、ラップを作ったり、歌ったりすることで、

「伝えたり、教えたり、教えてもらったりもできますし。だから僕、そうですね、なんか中学の時は音楽をもっと勉強してたらよかったなって思います。」

と語っていました。

NAMさんは、「やんちゃなこと」をして、学校からはみ出した時期もありました。しかし、ラップを通じて、社会とつながり、人とつながり、そして何よりも、自分自身と向き合うことができました。自分自身の中にあるベトナム語についても、積極的に学ぶ意識が生まれました。言葉についての

意識が自分自身の中の見えないところで脈々と流れていて、それが生きていくことの中で、変化し、自身の成長の糧になるように見えます。

インタビュー後、ＮＡＭさんは「これからアルバイトに行きます」と言って、自転車でさっそうと出かけて行きました。「アルバイトで稼いだお金のほとんどをＣＤの製作費に充てているんです」と、目を輝かせて夢を語ってくれた姿が印象的でした。

終章　「移動する子ども」だった大人たちからのメッセージ

さて、以上が「移動する子ども」として成長した方々の語りです。一〇人のインタビューを楽しんでいただけたでしょうか。

ご覧のとおり、一〇人の方々は、どの方も同じ軌跡をたどっているわけではありません。一人ひとりの生い立ちや生活環境も異なっています。そのため、ひとつひとつの語りは、当然、異なっており、どれひとつ、同じ語りはありませんでした。

しかし、それぞれの語りには、「なるほど」と思うような貴重なご意見やその人ならではのお考えが必ず含まれていました。そこから私たちが学ばなければならないことがたくさんあるようにも思えます。

では、これらの多様な語りから、「移動する子どもたち」を育てていくうえで、参考になることを取り出し、みなさんと一緒に、考えてみたいと思います。

幼少の頃は複数言語の差を感じない

私は、インタビューの最初に、必ず、小さい時の思い出を尋ねました。複数言語を使う生活環境で、どのようにそれらの言葉を認識し、どのように使い分けていたかを聞くためです。

それに対して、多くの方が複数の言葉をどのように使い分けていたか分からないという答えでした。たとえば、今回のインタビュー協力者の中で、幼少の頃に最もたくさんの言葉を使っていたと思われるセイン カミュさんは、「いや、全然意識的にはなかったです。それが普通になってたような気がします」としたうえで、相手に応じて言葉を変えていたと説明されました。台湾で幼少期を過ごした一青妙さんも、複数の言語の切り替えについて、「何も考えずに、スイッチを切り替えていた、意識もせずにやっていたんだと思います」と答えておられます。

幼少時の子どもは言葉だけではなく、認知発達の初期の段階にありますので、言葉の違いがあまり認識できず、複数言語をそのまま使用すると言われています。それが、成長するにつれて、徐々に、家庭の言葉とそれ以外の言葉の違いを意識するようになっていきます。一言語を母語とする子どもの場合も、ちょうど小学校に通い出す頃に、家庭で使う言葉と学校で使う言葉が違うことを学びます。家族の中で身近なことについて使う言葉（一次的ことば）と教室などの社会的な場面や学習で使う言葉（二次的ことば）との違いを学び、子どもたちは大人へと成長していくのです。

ただし、一青妙さんの「証言」は微妙です。一青妙さんは、確かに認知発達の初期段階のために複数の言葉をあまり区別せずに切り替えていた一方で、三歳から四歳の頃に、家庭で使う言葉と家庭の外で使う言葉が違うことにすでに気づいていたと答えられていました。このように、幼少の頃に複数の異なる言語を使う環境にいる子どもは、一言語を母語とする子どもよりも、言葉の違いについての意識が早く生まれ、言語意識が早く発達すると言えるかもしれません。

初めて日本語を学ぶ時

一方、小学校の頃に、海外から日本にやってきて、初めて日本語を学んだというケースは、どうだったでしょうか。全く分からない言葉の世界に突然「放り込まれる」体験は、子どもにとっては大変な経験だったと思います。たとえば、白倉キッサダーさんは、「もう何言ってるのか分からない。ずっと「うん」「うん」って言ってました」と、初めて日本語の世界に入った時の戸惑いを語ってくださいました。

日本では今、たくさんの外国人児童生徒が小学校や中学校に入学してきます。全く日本語が分からない時、子どもは黙ったまま教室に座り、周りを観察し、少しでも吸収しようとします。それは沈黙期間（Silent Period）と言われますが、白倉キッサダーさんが「もう何しゃべってんのかなとか、もうずっと見て。それだけですよね」と言われたのは、その時期の子どもの気持ちや反応を的確に表現していると思います。

白倉キッサダーさんのお話には、在籍クラスの中で複式で日本語を教えてもらっていた様子が語られていました。外国人児童生徒の在籍数の少ない学校の様子を理解するうえで、貴重なお話でした。現在でも、これらの子どもたちが少ない地域の学校（外国人児童生徒の「散在型地域」）では、このような形式の指導が行われているところが多いと推察されます。

また、そのように日本の学校に入学し、第二言語としての日本語（Japanese as a Second Language：JSL）を学ぶ「移動する子ども」が、どのように日本語を学ぼうとしたのかを語る印象的な証言もありました。それは、白倉キッサダーさんが家庭でタイ語を話すことを「禁止」され、「三か月で日本語を覚えなさい」と言われたエピソードです。そのような方法は、子どもにとってはきつい ショック療法のようなものだったかもしれません。

また、同じように、小学校に入学する前に来日した華恵さんも、「今日からもう日本語だけにするって、自分である日言って、で、日本語に完全に切り替えて」保育園では英語を使わずに日本語だけを使うように意識したと言われました。

ただし、強制的に言語使用を制限することがいつもよい結果を導くとは限らないでしょう。たとえば、華恵さんの場合は、アメリカにいた頃に英語の絵本をたくさん読んでいたと言われましたが、その時に言語能力の基礎となる部分が育成され、それが日本語を学習する時も役立ったと思われます。また、白倉キッサダーさんの場合は一〇歳まで、タイでタイ語による教育を受けていました。タイ語で考えたり学んだりした経験から言語能力の基礎となる力を育成することができ、それが日本に来てから、たとえタイ語が「禁止」されても、その力が日本語を学ぶうえで役立ったと思われます。

つまり、大切なのは強制的に言葉を切り替えることではなく、言語能力の基礎となる部分を幼少の頃から、いかに豊かに育てていくかということだと思います。

子どもが主体的に日本語を学ぶとは

では、日本にやってくる「移動する子ども」は、どうやって日本語を習得したのでしょうか。これは大きな課題です。

セイン　カミュさんは日本の小学校に入学し、日本語を覚える時、「習うしかないっていうか、「習うより慣れろ」的な感じだったんで」と言われました。また白倉キッサダーさんは、野球を通じて、周りの人とコミュニケーションをとり、日本語を習得していかれました。子どもは、大人に比べ、言葉を覚えるのは早いとよく言われます。また子どもは遊びの中でも言葉を覚えるから、大人より「日本語の習得は簡単だ」と思われることもあるでしょう。

しかし、よく見ると、子どもの世界もそう簡単ではないことが分かります。たとえば、華恵さんは保育園で英語を話すと、友だちが変な顔をするので、「そういう空気になるのが嫌だったので。早く日本語を覚えたかった」と答えていました。つまり、子どもも、子どもの社会の人間関係の中で、言葉を覚えたいとか、言葉を使いたいと思うし、そのことが言語習得の動機になるということです。

日本語がよく話せない外国の子どもは友だちができない、あるいは孤立する、だから日本語を教えなければならないと大人は考えがちです。そのように考えると、遊びに参加する時の言葉、たとえば「まぜて」とか「入れて」とかいう日本語表現を教えようとしたりします。確かにそういう表現が子どもに役に立つこともあるでしょうが、今回のインタビュー協力者の言葉から分かるのは、日本語表現を覚えたから友だちができるというのではなく、友だちと一緒に遊びたいとかスポーツをしたいとか、そのような気持ちが日本語習得に大きな影響を与えていたということです。

すなわち、子どもは社会的な関係性の中で言葉を習得するということ、そして、そのような社会的な関係性と言葉を使う個別の文脈の中で子どもが主体的に言葉を使おうとする時に、言葉を習得するということです。その例の一つは、白倉キッサダーさんが小学校の頃、「勉強という勉強は嫌いで、自分の好きな、なんて言うんですかね、こう自分から覚えようってものは好きだったんです」と振り返り、大学生になって毎日、野球部で大学ノートに書き続けた「勉強」も、やらされる「勉強」とは「違う」と言われました。そのように、自分から主体的に学ぶ機会が与えられる時、人は言葉を覚えていくのです。

その点を理解することが、「移動する子ども」を育てる私たちにとっては大切なのだと思います。したがって、言葉をどう効率的に習得させるかよりも、言葉を使う人と人の関係性をどう築いていくかが、言葉の習得にはより重要であると考えられます。

日常会話ができるのに教科内容が理解できないのは、なぜ

外国から日本に来て、小学校などに入学する「移動する子ども」は、どれくらいの期間で、日本語が分かるようになるのでしょうか。このことも、よく聞かれる質問です。

小学校の一年生で日本の小学校に入学したセイン　カミュさんは、「たぶん三か月ぐらいで、だいた

い基礎は、覚えたと思います」と答えておられました。タイに一〇歳までいた白倉キッサダーさんは、日本の小学校に入学して一年くらいで教室の授業で何をしているか分かるようになったと言われました。日本語がほとんどゼロの状態で日本の学校に入った場合でも、大抵の子どもはだいたい一年くらいで、簡単な日常会話は理解できるようになり、教室の授業でも、どんなことを学んでいるか、その大枠はなんとなく分かるようになります。

しかし、日本語で簡単な日常会話が理解できても、授業の内容をしっかり理解しているとは限りません。同じような状況にあったのが、ブラジルで地元の学校へ通っていた響さん兄弟でした。お兄さんの響彬斗さんが説明してくださったように、ブラジルの学校ではポルトガル語の「国語」やポルトガル語で学ぶ社会科や歴史の授業を理解するのが大変だったと言われました。第二言語（響さん兄弟の場合は、ポルトガル語）で教科内容を学ぶことは、小学校でも簡単ではなく、時間がかかるということです。

では、日常会話ができるのに教科内容が理解できないのは、なぜでしょうか。日常会話というのは、目の前に人がいたり、ものがあったり、話題が分かっていたりするように、言葉が使われる文脈が見えやすいので、言葉の意味することが理解しやすいのです。それに対して、教科学習の内容は、たとえ目の前に教科書があっても、その内容は過去のことだったり、遠い国のことだったり、計算式や公式など、目の前にない抽象的な内容であることが多いため、言葉とそれが表す意味の関係がつかみにくいのです。ましてや、子どもの日常会話に出てくる機会が少ない語彙、たとえば、貿易とか、温暖化とか、民主主義といった語がひんぱんに出てくる単元などの授業を受けていると、第二言語として日本語を学ぶ「移動する子ども」にとって、その授業内容は雲の上のことのように霞んで見えることでしょう。

海外の研究では、第二言語を学ぶ子どもが日常会話能力を習得するには一年から二年かかるが、教科内容を理解するための学習言語能力をしっかり身につけるには五年から七年かかると言われています。小学校五年生の時に来日した白倉キッサダーさんが中学校の国語の授業について、「日本語で、その文章のなんかこれはどこを指してるのとか、何を言ってるのかとか、そういうのが多くて。そういうの、嫌いでしたね。分からなかったです」と正直に答えておられたのは、このことと関係していると思います。日常会話能力と学習言語能力とは必ずしも同じではないのです。

母語はどのように維持されるのか

では、親の言語、母語はどうでしょうか。日本語以外の言語能力を日本に住みながら維持することは、子どもにとって難しいことのようです。神戸で生まれ育ったNAMさんは、母語であるベトナム語を勉強するように親に言われたが、ベトナム語教室は面白くなく、母語を学ぶこと自体が「やらされてるっていう感がある、自分からやろうじゃないし、（学ぼうと）全然思わなかったり」と振り返っておられました。

しかし、ベトナム語教室へ行くのは嫌いだったと言われたNAMさんは、一九歳の時に祖国ベトナムへ「留学」します。そして、「なんか意外とこの年になって勉強してみたらすんなり頭に入ってくるみたいな。やっぱり「自分がしたい」と思ったことはするみたいな。」と語り、祖国や母語に向き合った時にベトナム語が学べたという体験を話されました。

サッカー選手の長谷川アーリアジャスールさんは、中学生の時に父親の言語、ペルシャ語を学ぼうとしたが、思春期の難しい年齢のためか、親から言語を学ぶことはできなかったと話されました。しかし、親の言語を学べる環境にありながら、学ばないのは「もったいない」し、「しゃべれた方が、絶対、得すると思うんですよ」と言い切ります。

コウケンテツさんも、韓国語について、「やっぱり小さい頃は当然なんか「韓国語ってちょっとダサいし」っていうのが正直あったんですよ」と言われましたが、その後、「特に今料理家になって強く思うんですよ。本当にやっときゃよかったなっていうのはすごく後悔してます」と説明されました。

一青妙さんも、中国や台湾から来る子どもたちへのメッセージをお聞きした時、グローバルな仕事をするなら、道を狭めないように、一つでも多く分かっていた方がいいと助言されました。

一〇歳までタイで暮らし、タイ語を使っていた白倉キッサダーさんは、野球のナショナルチームに加わるために祖国、タイに帰ってみると、タイ語を話していても日本語が出てくるという体験をしたと話されました。「移動する子ども」にとって複数の言語を維持することは簡単ではないということでしょう。そのうえで、白倉キッサダーさんは、祖国に帰った時に困らないくらいの母語を学んだ方がいいのではないかと言われました。

子どもが二つの言語を使える「バイリンガル」な子どもになってほしいと親が願っても、実際、子どもの目線から見ると、複数言語を学ぶことも維持することも、必ずしも容易ではないように見えます。

その困難さを、私たちは理解しておくことが必要だと思います。そのうえで、響さん兄弟が幼少の頃から舞踊やお店で日本のマンガに触れるなど、日本語に触れる環境があったことが今のお二人の日本語能力の基礎になったように、大人が子どもに母語の環境をいかに提供するかが子どもの母語維持の鍵になることは確かなようです。

ただし、今回、インタビューさせていただいた方々は、自身の日本語能力を含む複数の言語能力についてはさまざまに自己評価しておられました。たとえば、響彬斗さんは、日本語を話すのは「六〇点から六五点ぐらいかな。で、ポルトガル語の場合は、三〇点いけばいい方じゃないかな」と、また一真さんは「僕は全く駄目ですね、両方（とも）」と答えておられました。

しかし、その言語能力で何ができ、何ができないかよりも、その人が自分の複数言語の言語能力をどう考えて、どう生きていくかということの方が、その人にとっては重要なように見えます。

そこで、次に、「移動する子ども」のアイデンティティ形成と言葉の関係について考えてみたいと思います。

アイデンティティと言葉、そして名前

「移動する子ども」は、親の言語も含め、複数の言語に触れながら成長していきます。親は子どもが多言語環境で育ち、その経験が子どもの将来に役立ってほしいと願うでしょう。しかし、すべての子どもが親の期待通りに複数言語を習得していくわけではありません。なぜなら、子どもも、親とは違う、一人の人間として社会の中で、さまざまな影響を受けながら生きているからです。

一青妙さんは中学の頃、ご自身の背景が「中国語じゃなく、なんでアメリカとかもっとかっこいいとこじゃなかったんだろう」と思い、親に反発した記憶があると話してくださいました。同じように、長谷川アーリアジャスールさんも中学の頃に父親の言語を意識した時、英語などではなくペルシャ語であったため、「イラン語かよ」と一度は言い捨てましたが、見方を変えると、ペルシャ語が英語などと比べて日本ではマイナーな言語であることは、逆に「それも面白いんじゃないかな」と思い直したと言われました。

NAMさんは、親が話すベトナム語にも反発を感じ、「とりあえずベトナム語、しゃべらんといて」とか、「ベトナム語、嫌や」と思ったと言われました。それは「ベトナムから来た難民の子ども」と見られるのが嫌だったという思いからだと説明してくださいました。

このように、子どもたちは、自分が持っている言語やその背景について、友だちからの目線や社会からの見方を敏感に感じながら、生きているのです。つまり、自分が友だちからどう見られているの

か、社会の中で自分や自分が持つ言語はどのような存在なのかを考えながら、生きているということです。

また、子どもにとって、自分の名前も、自分のことを考える要素になります。NAMさんが日本名を名乗りながらも、ラッパーとして選んだ名前は、NAMというベトナムにちなんだ名前だったのは、「移動する子ども」の揺れ動く心情を表していると思います。今回のインタビュー協力者の中で、カタカナの名前を変えることはない、自分は自分だと答えておられた方もいます（たとえば、白倉キッサダーさん、長谷川アーリアジャスールさん、コウケンテツさん）。つまり、「移動する子どもたち」は成長し、大人になって、自分の専門性やプロフェッショナルな仕事が見つかると、名前も自分の個性と認め、自信を持って生きていけるように見えます。ただし、そのような気持ちになるまでは、さまざまな葛藤があったことも推察されます。

アイデンティティと言語能力

今回のインタビュー協力者はどの方も複数の言語に触れながら成長しておられました。そして、その複数の言語能力についての意識が自身のアイデンティティ形成に少なからず影響していたように見えます。たとえば、アメリカに六歳まで暮らしていた華恵さんは、自分の中にある英語の力が日本の学校で十分に評価されないことや発揮できないこと、さらに英語を勉強していると、「華恵って、英語、やんなきゃだめなの？」と友人から言われたことによって、自分の中にある英語力が中途半端で安っぽいと感じ、「落ち込んだ」という体験を話してくださいました。また、台湾の小学校で中国語を使って学んでいた一青妙さんも、自信のあった中国語が試験を受けても思ったほど高くなかったことで「自分としては恥ずかしいというか、屈辱的でしたよね」と話してくださいました。

しかし、言葉の力が低いことがアイデンティティを混乱させ、言葉の力が高いことがアイデンティティを安定させると、単純にも言えないようです。たとえば、フィフィさんは自分の中心にある言葉は日本語で、アラビア語ではないが、自分はエジプト人だと言われました。NAMさんは、ベトナムでベトナム語を学んでいる時に自分の中にある「ベトナム人らしさ」を実感したという話をしておられました。どちらも、親の言語を十分に使いこなせなくても、その言語や文化に自分を結びつけて考えているという例でした。

さらに、NAMさんが「ベトナムにいたら「日本人」、日本に帰ったら「ベトナム人」と（周りの人から）言われる」と話されたように、周りの人との関係性とアイデンティティが深く関係していることも分かります。NAMさんと同様に、コウケンテツさんも韓国に行った時、韓国語を話せず、「お前何人だ」と言われたという、ご自身の経験を話してくださいました。しかし、その言語能力とは別に、コウケンテツさんは「僕は物事を客観的に見るっていうことが、在日であることですごく役に立ったんですよね」と言い、「自分には国がない」と思うことが、「逆にそれはたとえば日本の欠点、良いところ悪いところ、韓国の良いところ悪いところ両方見れるなって」と、自分自身を捉え直したことを話してくださいました。そのうえでコウケンテツさんは、韓国語について、「やっぱり韓国人として生まれたので、コミュニティのものとしてやっぱり習得しなきゃいけない」と思う一方で、日本語については、「やっぱり自分を表現したり、自分を形成するものはやっぱり日本語なんですよね」と言い、「実際に使っている母国語としては日本語になるっていう。だから一番大切なものではあるんですよね」とご自身の中にある日本語について説明されました。

このように見て来ますと、アイデンティティとは何かという問いが出てきます。私は、アイデンティティとは、自分の姿やあり方について、「自分が思うことと他者が思うことによって形成される意識」と考えます。

「移動する子ども」の場合、そのアイデンティティに影響を与えるのは、多様な人々に多様な言葉を通じて接触した経験と、自分が持っている複数の言葉についての意識なのです。その意味で、「移動する子ども」のアイデンティティを考えるうえで、言葉についての意識が再びクローズアップされてきます。

生きることと、自分の中にある複数の「言葉の力」

では、改めて、今回のインタビュー協力者の方々の言葉の力についての意識を見てみましょう。

たとえば、セイン カミュさんは、英語が母語で、高い英語能力を持ち、また日本で長く生活してこられたので日本語能力も高く、話すのは英語も日本語もどちらもできると言われますが、書くのは、日本語より英語の方が気持ちがよく、「日本語は、やっぱ苦手っていうのが、どっかにあるんですよね」と言われました。インタビュー中のセインさんは、日本語で完璧に話しておられましたが、日本語で書くことには不安があるということです。しかし一方で、母語である英語を読むのは苦手だとも言われました。

一青妙さんは台湾で小学校六年生まで過ごし、今でも台湾に行けば、中国語で親族と交流するほど中国語が堪能です。しかし、年齢を重ねるにつれて場面にあった大人の表現も使わなければならない場合に、ご自身が使う中国語が適切なものかどうかについて、いつも不安を感じると話しておられました。

このような苦手意識や不安といったものは、タイで一〇歳まで暮らしていた白倉キッサダーさんのタイ語と日本語に対する気持ちにも、また、ブラジルで育った響さん兄弟のポルトガル語と日本語に対する気持ちにも、両親がエジプト人のフィフィさんがアラビア語に抱く気持ちにも、共通するもののように見えます。

そして、「移動する子ども」の場合に重要なのは、自分の中にある、このような複数言語に対する気持ちが、成長する過程で変化していくということです。たとえば、一青妙さんの中国語に対する気持ち、華恵さんの英語に対する気持ちのゆれは、その例です。

さらにセイン カミュさんのように、「移動する子ども」は、「自分はいったい何人だ」とアイデンティティ・クライシスを抱くこともあるでしょう。先に、私は、アイデンティティとは、自分の姿やあり方について、「自分が思うことと他者が思うことによって形成される意識」であると述べましたが、「自分が思うこと」と「他者が思うこと」が自分の中で統一した像を描けない時に、混乱や葛藤や迷いが生まれるのだと思います。セインさんの場合、そのような不安定な状態から、自分自身の中にある多様な経験と複数言語能力をポジティブに捉えることによって新しい自分のあり方や生き方を発見していったと説明されました。

では、この「多様な経験と複数言語能力」と「物事をポジティブに捉える」ということは、どのように関連しているのでしょうか。実は、言葉とは自分の言いたいことや伝えたいこと（多様な経験）を他者に伝える働きを持っています。そして、言葉は他者に伝える働きがあるゆえに、自己と他者との関係性を構築する力がもともとあると言えます。したがって、言葉の力は、「自己と他者の関係性を構築する力」なのです。したがって、「自分が思うこと」と「他者が思うこと」が自分の中に統一された像を描けない状態から脱するためには、「自己と他者の関係性」を再構築する「言葉の力」が必要なのです。

響彬斗さんのケースはそのことをよく示しています。彬斗さんは、日本に来る前に「自分はもう「日本人」なんだと。というふうにしか自分の中でなかったんですね。だから、僕は「日本人」だから、「日本人」として振舞わなきゃ」と思っていたそうです。しかし、日本で生活するうちに「ブラジル人だから」と周りから見られる経験をし、「日本人である」という気持ちが変化してきたと話されました。そして、その気持ちは言葉についての気持ちとも微妙に共振していました。たとえば、彬斗さんはポルトガル語について、「僕の中ではそのポルトガル語っていうのは、ブラジル人との交流、お話をさせていただくため一つの手段」といい、日本語は「生きるための言葉。生活があるので」と言われました。つまり、「自分が思うこと」と「他者が思うこと」を自分の中で納得し、自己実現するために言葉を自分の中に意識的に、そして生活戦略的に位置づけていくということが生まれてくるのです。

アラビア語を背景とするフィフィさんが中国語や英語を学ぶようになった経験から、「やりたいことよりやれることを選ぶようになりました。やりたいことを選んでも、求められるものが違う場合があります」と言われたのは、「自分が思うこと」と「他者が思うこと」をすり合わせる中で、自己の生き方を選択していったことを示していると思います。

NAMさんも、日本ではベトナム人、ベトナムでは日本人と見られる自分自身のことを日本語とベトナム語によるラップの歌にして表現しているのは、二つの言語を使って他者とつながって生きていこうとするNAMさんの姿勢（生き方）であり、NAMさんの中にある二つの言語を自分自身の中に位置づけ、意味付けていく作業のように見えます。

このような意味で、「移動する子ども」は、「自己と他者の関係性」を再構築するうえで、自分自身が持つ複数の「言葉の力」を最大限有効活用していこうとするのです。

もちろん、「自己と他者の関係性」を再構築するプロセスは長いかもしれませんが、まさにそのプロセスを通じて、「移動する子ども」は主体的に自分自身を形成していくのだと思います。

複数の「言葉の力」と不安感をどう乗り越えるのか

では、「移動する子ども」が主体的に自分自身を形成していく、そのプロセスは、誰にとっても常にポジティブなものなのでしょうか。

たとえば、フィフィさんの場合、両親の言語であるアラビア語に対する意識や、英語そして日本語に抱く意識は、フィフィさんが成長するにつれて、変化していきました。そのような言語能力意識の変化が、ある時は積極的に、あるいは消極的にその言語を使用したり学習したりすることに影響していきました。フィフィさんはご自身の中にある複数の言語について、「完全じゃないですけどね（中略）。ほとんどはどれも完全じゃないというイメージですよ。「中途半端だなあ、私」って思いながら生きてますけど」と言われました。成長期の言語能力意識が成人になる過程で変容しつつ形成され、成人しても引き継がれていき、その言語能力意識と向き合うことが自分自身と向き合うことになることを示唆しているように見えます。

つまり、「移動する子ども」は、幼少の頃から、成人して社会で活躍するまで、言葉の力を使って他者との関係性を構築しつつ、自己実現を図ろうとします。しかし、他者との関係性を構築するために有効な言語能力が十分にないと気づく時、そこには不安感が生まれます。「移動する子ども」は、その不安感を抱きつつ、そのような自分に主体的に向き合い、折り合いをつけることによって自己形成し、自分の生き方を立ち上げていくことになるのですが、その不安感は、言葉を使ってコミュニケーションする時や言葉について社会的な評価を受けるような、言葉を意識する、あるいは意識させられるさまざまな場面で出現します。したがって、この「不安感を秘めた言語能力意識」こそ、「移動する子ども」の言語習得や言語生活を下支えしているのです。

しかし、今回のインタビュー協力者の方々は、そのような「不安感を秘めた言語能力意識」と向き合い、それを乗り越えようとしてこられたように見えます。では、その原動力は何なのでしょうか。それを考えるために、それぞれのインタビューから、少しカットバックしてみましょう。

・「だから別に、「自分は人と違うな」って思われていても、そこまで気にするタイプでもないし。「だから、何」みたいな。「別に俺は俺だけど」みたいな。」（長谷川アーリアジャスールさん）

・「自分はどっちの人間っていうよりも、「自分は自分だ」っていう。人に何言われようと、「別に俺のやりたいことをやるし」っていう自分のこの意志を、やっぱ、一番最初に持つことが大事だと思いますね。」（長谷川アーリアジャスールさん）

・「他の人から「へえ、外人なんだ」と見られると「ああ、そうだよ」と（胸を張る）」（白倉キッサダーさん）

・「だから誰と会っても僕はこういう人間でっていうことをはっきり言えるようにならないといけないと思ったんですよ。そうじゃないと人間関係、たぶん子どもながらにいい関係築けないと思ったと思うんですよね。」（コウケンテツさん）

・「オレはオレの事をオレの歌で証明」（NAMさんの「オレの歌」から）

このように、「移動する子ども」の言語能力がその言語の母語話者と比べて高いか低いかよりも、その人が自分の中にある複数言語能力とどう向き合って、どう考えて生きていこうとしているかという、「移動する子ども」の主体的な生き方こそ、「不安感を秘めた言語能力意識」を越えていく力になるように見えます。今回のインタビュー協力者の場合、そのような姿勢や生き方が、それぞれのプロ意識に結実しているとも言えるでしょう。

終わりに――「移動する子ども」をどのように育てるか

では、私たちはこれから「移動する子ども」をどのように見守っていけばいいのでしょうか。

それは、「移動する子ども」一人ひとりの複数言語能力を、その言語の母語話者の言語能力と比較するのではなく、「移動する子ども」自身が、自分の複数言語能力と向き合い、その言語能力をどう「自己認識」し、「自己評価」するかという主体的な生き方を、周りにいる人たちも共に考えていくということです。今回のインタビューに協力してくださった、かつて「移動する子ども」だった大人たちは、それぞれ自分の中にある複数言語能力と向き合いながら、強い言語能力を積極的に活用し、弱い言語能力は他のことで補いながら、自己の生き方に生かしている姿を示してくださったと思います。その姿は、「移動する子どもたち」にとっても、またそれらの子どもたちを支援している人たちにとっても参考になるものだったのではないでしょうか。

フィフィさんは、「親が安心すればいいと思うんですよね、育てる時に。子どもはね、それなりにいろんな心境になっていくんですけど、「どうやって今度はこれを使おう」っていう、ずる賢い子に育てればそうなっていきますからね」と言い切ります。子どもが持つ「生命力」を信じて、子どもを見守る姿勢が重要ということでしょうか。

「移動する子どもたち」はこれからますます増加していき、二一世紀のマジョリティになるのは必至です。「移動する子どもたち」の視点から、固定的で画一的な教育のあり方、社会の見方を捉え直し、個別的で動態的で主体的な「人のあり方」を探究することがますます必要になってくるのではないでしょうか。

あとがき――世界中の「移動する子どもたち」に贈りたい！

ようやく本として完成しました。私のインタビューに率直にお話してくださった協力者のみなさん、そしてご関係の方々に改めて御礼を申し上げます。「移動する子ども」と私が呼ぶ協力者のみなさんは、今も、さまざまな場所、空間、そして言葉の間を「移動」しながら活躍されていらっしゃることと思います。そのようにお忙しい中、原稿のチェックなど、最後までご協力をいただき、ありがとうございました。

またこの本には多くの方々のお力添えをいただきました。すべての原稿を読んでくださり、珠玉の「推薦文」を書いてくださった元東京女子大学教授の西原鈴子先生、私の「移動する子ども」シリーズの本の装丁をいつも担当してくださり、今回も素敵なカバーをデザインしてくださった装丁家の桂川潤さん、ありがとうございました。

さらに本書の編集作業を迅速に進めてくださったくろしお出版の池上達昭さん、インタビューの録音、写真撮影、文字起こし、原稿読みなど手伝ってくれた私の研究室の多くの院生たちにもお礼を述べたいと思います。

最後に、本書のもととなる調査研究は、早稲田大学特定課題研究助成費（二〇〇八年度―二〇〇九年度）によることを記し、関係者に謝意を申し上げます。

世界中のすべての「移動する子どもたち」に、この本のメッセージが届くことを願っています。

川上　郁雄

二〇一〇年三月二五日　さくら咲く、巣立ちの日に

川上　郁雄（かわかみ　いくお）

早稲田大学大学院日本語教育研究科・教授

専門：日本語教育、文化人類学

1990年大阪大学大学院文学研究科博士課程単位取得。博士（文学）。オーストラリア・クイーンズランド州教育省日本語教育アドバイザー、宮城教育大学教授などを経て、現職。

国籍や言語や生活世界などが異なる、多様な背景をもつ子どもたちの「ことばの教育」（「移動する子ども」学）について研究を行っている。文部科学省「JSLカリキュラム」開発委員、同省「定住外国人の子どもの教育等に関する政策懇談会」委員を務める。

著書に『「移動する子どもたち」のことばの教育学』（くろしお出版）。編著書に『「移動する子どもたち」と日本語教育―日本語を母語としない子どもへのことばの教育を考える―』『「移動する子どもたち」の考える力とリテラシー―主体性の年少者日本語教育学―』『海の向こうの「移動する子どもたち」と日本語教育―動態性の年少者日本語教育学―』（ともに明石書店）、『「移動する子ども」という記憶と力―ことばとアイデンティティ―』『日本語を学ぶ／複言語で育つ―子どものことばを考えるワークブック―』（ともにくろしお出版）など。

私も「移動する子ども」だった

――異なる言語の間で育った子どもたちのライフストーリー――

2010年5月10日　第1刷発行
2015年9月28日　第3刷発行

編著者　川上《かわかみ》　郁雄《いくお》

発行所　くろしお出版

〒113-0033　東京都文京区本郷3-21-10
電話　03-5684-3389　FAX　03-5684-4762
http://www.9640.jp/　E-mail : kurosio@9640.jp

装丁　桂川潤　　印刷製本　シナノ書籍印刷

ISBN 4-87424-474-6 C0037　Printed in Japan